PAUL DE KOCK

M. CHOUBLANC

A LA RECHERCHE DE SA FEMME

ÉDITION ILLUSTRÉE DE VIGNETTES SUR BOIS

Prix : **80** centimes

PARIS

CHARLIEU ET HUILLERY, LIBRAIRES-ÉDITEURS

10, RUE GIT-LE-CŒUR, 10

Les colimaçons s'étaient répandus par toute la voiture. — Page 5.

M. CHOUBLANC

A LA RECHERCHE DE SA FEMME

I

LE DESSUS D'UN OMNIBUS

— Cocher !.. hohé ! cocher ! Arrêtez donc... sapristi !.. Je n'en puis plus... Voilà trop longtemps que je cours... j'ai un point de côté... Et il va toujours ce maudit omnibus !.. Ah ! non, je crois qu'il s'arrête enfin... Dieu soit loué !

Ce monologue fait à haute voix, car nous avons beaucoup de personnes qui, dans les rues, parlent toutes seules et tout haut, sans se douter le moins du monde qu'elles content leurs affaires au vent, au passants ou aux maisons ; ce monologue était débité par un monsieur d'une cinquantaine d'années, plutôt petit que grand, plutôt gras que maigre, plutôt laid que beau, mais porteur d'une de ces figures étonnées, bêtes, burlesques, qui semblent dire à tout le monde : « Attrapez-moi, ce n'est pas difficile du tout ! »

M. Choublanc, c'est le nom de ce personnage, avait un visage très-rond, passablement joufflu. Il possédait de gros yeux gris clair, à fleur de tête, de ces yeux qui ont toujours l'air de vouloir s'échapper de leur orbite et qui donnent à celui qui les porte une certaine ressemblance avec une carpe. Son nez était semblable à une boulette de vol-au-vent ; sa bouche, assez petite, prenait toutes les expressions possibles, excepté l'expression spirituelle ; ses dents étaient irréprochables, ainsi que ses oreilles, et ses cheveux, qui avaient été blonds, commençaient à tourner un peu vers le jaune.

Au total, M. Choublanc n'était pas positivement vilain, il n'y avait rien de difforme, de désagréable même dans sa figure, et lorsqu'il était petit et bien portant, il est probable qu'on avait dû dire de lui : « Ah ! voilà un bel enfant ! »

C'est singulier comme les trois quarts de ces marmots dont on dit cela deviennent en grandissant porteurs de physionomies laides, sottes ou communes ; tandis que ces petits êtres chétifs, souffreteux, dont le visage est pâle et amaigri et qui semblent tout tristes d'être venus au monde, prennent en se développant de ces physionomies qui vous charment, qui vous attirent, et soufflent toutes les conquêtes à celui qui a été un bel enfant !

C'est presque toujours les hommes d'esprit, de génie, ceux qui sont appelés à laisser un nom illustre, qui ont de la peine à s'élever, si nous osions, nous dirions même à *pousser*. On croirait que la nature n'a point assez de force pour faire croitre tous ces principes généreux réunis dans un seul être. Peut-être est-ce au contraire parce qu'elle y a mis trop de sève. Mais ce qui est malheureusement trop vrai, c'est que ce sont les enfants les plus heureusement doués qui ont de la peine à s'élever, et le proverbe n'est point faux lorsqu'il dit :

Cet enfant a trop d'esprit, il ne vivra pas.

Cependant la règle a des exceptions... de fréquentes exceptions, hâtons-nous de le dire!.. Il y a des enfants spirituels qu'on parvient à élever... Où en serions-nous sans cela?

Retournons à M. Choublanc, que l'on n'a pas eu la moindre peine à élever et qui a poussé comme un véritable champignon qui n'a rien de vénéneux. Ah si!.. il a cependant quelque chose de vénéneux, c'est sa malheureuse manie de vouloir toujours raconter ses affaires à tout le monde, bien qu'en agissant ainsi il ne mette pas les rieurs de son côté; mais il vous fait confidence des bévues qu'il a commises dans le cours de sa vie, comme un autre vous dirait ses bonnes fortunes, ses exploits, ses actions d'éclat. Quelquefois, lorsqu'il s'aperçoit qu'on lui rit au nez, M. Choublanc se promet d'être moins bavard à l'avenir; mais « chassez le naturel il revient au galop! » Nous nous apercevons que nous faisons abus de proverbes, et que, si nous ne nous arrêtons pas, nous allons tourner un *Sancho Pança*. Revenons à l'omnibus, qui vient enfin de s'arrêter et que M. Choublanc est parvenu, non sans peine, à atteindre.

Au moment où M. Choublanc s'apprête à pénétrer dans l'intérieur de la voiture, le conducteur l'arrête en lui disant :

— Complet, monsieur.

— Comment, complet... qu'est-ce que cela veut dire?

— Ça veut dire qu'il n'y a plus de place dans l'intérieur de la voiture; monsieur doit savoir cela.

— Alors pourquoi vous arrêtez-vous quand je vous fais signe?.. Ce n'était pas la peine, si vous n'avez plus de place à me donner... C'est donc pour m'attraper?..

— Monsieur, j'ai cru que vous vouliez monter dessus, où il y a encore de la place...

— Monter dessus quoi?

— Dessus la voiture, monsieur, aux places à quinze centimes.

— Comment, on sa met dessus maintenant?..

— Il y a longtemps... D'où arrivez-vous donc, monsieur?

— D'où j'arrive, conducteur?.. de Troyes en Champagne!.. patrie des andouillettes et autres cochonailles très-prisées des gourmands...

— Voyons, monsieur, décidez-vous... voulez-vous monter?

— Est-on assis là-haut?

— Oui, monsieur, ce serait joli, si on n'était pas assis!..

— Je ne vous demande pas si ce serait joli... il ne s'agit pas de faire de l'esprit avec moi...

— Je le vois bien, monsieur... Voyons, montez-vous?

— Et on est solidement?

Pour toute réponse, le conducteur, ennuyé, tire son cordon, et la voiture repart. Alors M. Choublanc, voyant le véhicule qui s'éloigne de nouveau et le laisse là, pousse un cri de désespoir en hurlant :

— Je monte, conducteur, je monte... je suis décidé... je gravirais le mont Blanc plutôt que de continuer d'aller à pied.

Le conducteur arrête. M. Choublanc rejoint de nouveau la voiture; il pose avec une certaine frayeur ses pieds sur les petites marches qui aident à atteindre aux places à quinze centimes. Quand il est à moitié chemin, il se retourne pour engager derechef la conversation avec le conducteur, mais celui-ci, au lieu de lui répondre, le pousse assez brusquement par le fond de son pantalon, ce qui hâte l'ascension du voyageur, qui cependant n'arrive qu'à quatre pattes sur le sommet de la voiture.

Au moment où M. Choublanc va se lever pour chercher une place vacante, la voiture se remet à rouler.

— Eh bien! qu'est-ce qu'il fait donc?.. Conducteur! cocher! arrêtez, je ne suis pas placé...

Le conducteur ne fait aucune attention à la réclamation de son nouveau voyageur, et l'omnibus continue d'aller son train.

Alors M. Choublanc se décide à s'avancer toujours à quatre pattes, passant ainsi entre les jambes des voyageurs, qui rient beaucoup de la nouvelle manière employée par ce monsieur pour gagner sa place. M. Choublanc, qui a pris le plus long, parce que la frayeur lui donne des vertiges et l'empêche de voir où il pourrait s'asseoir, a déjà fait tout le tour de la double banquette et s'apprête à recommencer sa promenade à quatre pattes, lorsqu'enfin un des voyageurs a pitié de lui et le saisit par le pan de son habit en lui disant :

— Là... n'allez pas plus loin... asseyez-vous donc là!.. Prenez-moi le bras... ne craignez rien!..

Grâce à l'appui qu'on vient de lui prêter, M. Choublanc est enfin parvenu à s'asseoir; il pousse alors un soupir qui manque de faire envoler le chapeau de son voisin de gauche. Ce chapeau est porté par un petit vieux monsieur habillé en noir, cravaté de blanc, qui serre contre sa poitrine un de ces anciens parapluies dits *riflards*, qui ont presque totalement disparu de la surface du globe en même temps que les *carlins*, et qu'on ne retrouve qu'entre les mains d'un amateur d'antiquités, d'un employé à six cents francs, ou d'une ouvreuse de loge retirée du théâtre.

Le vieux monsieur au riflard porte sa main sur son chapeau pour l'empêcher de s'envoler, fronce le sourcil en regardant le nouveau-venu, et murmure à demi-voix :

— C'est donc un soufflet de forge que ce monsieur?.. c'est donc Borée qu'est monté sur cette voiture?.. Joli voisin que cela fait!.. Si mon chapeau n'avait pas été bien enfoncé sur ma tête, il serait maintenant à voltiger sur les boulevards... Quand on est asthmatique, on ne grimpe pas ici!..

M. Choublanc, qui est enfin parvenu à se caser, à se poser solidement et à se croire en sûreté, se tourne vers le petit vieux à la cravate blanche en lui disant :

— Monsieur, permettez-moi maintenant de vous remercier pour l'appui que vous avez bien voulu me prêter. J'en avais grand besoin, car lorsqu'on se trouve pour la première fois sur l'impériale d'une voiture et que cette voiture roule, ma foi, cela vous étourdit, cela vous effraie, on ne sait plus que devenir... Êtes-vous comme moi?..

Le vieux monsieur répond d'un air rogue :

— Comment, si je suis comme vous!.. j'espère bien que non!.. Je ne souffle pas comme un bœuf, et je ne me promène pas à quatre pattes sur les voitures... De quoi me remerciez-vous?.. Je ne vous ai rien prêté... je ne sais pas ce que vous voulez dire...

— Si ce n'est pas vous, alors c'est donc monsieur?

Et Choublanc se tourne vers son voisin de gauche. Celui-ci est un jeune homme de vingt-six ans à peu près, un ouvrier en blouse, en casquette, mais porteur d'une de ces figures franches et ouvertes qui promettent autant d'obligeance que de courage, et ces physionomies-là tiennent toujours ce qu'elles promettent.

L'ouvrier sourit en répondant à Choublanc :

— Dame! il me semble qu'il était temps de vous arrêter... Si vous aviez continué longtemps votre promenade à genoux, cela aurait diablement usé votre pantalon.

— C'est juste... je crois même que j'y ai fait un léger accroc... C'est drôle... cette idée de faire asseoir du monde sur des voitures... Je sais bien que cela se faisait depuis longtemps sur les diligences... mais on ne vous mettait pas de côté comme cela... On ne sait plus qu'inventer, en vérité... Et quand il pleut, est-ce qu'on a le droit de rentrer dans l'intérieur?

— Non pas... car si l'intérieur était plein, vous vous assoiriez donc sur les autres voyageurs?

— Je ne m'inquiète pas de cela... je dis que s'il venait une averse, on ne pourrait pas se mettre à l'abri...

— Écoutez donc : pour trois sous, vous ne pouvez pas être dorloté comme dans une berline.

— J'aimerais mieux payer six sous et être dedans... Êtes-vous comme moi?

— Non, monsieur, je ne suis pas comme vous... car trois sous, pour moi, c'est quelque chose, et je trouve qu'on a eu parfaitement raison de créer des places d'omnibus pour ceux qui sont obligés de regarder à trois sous de plus ou de moins.

— Ah! voilà un monsieur qui a eu la précaution d'emporter un parapluie... À la bonne heure... Si je m'étais douté que j'irais sur la voiture, j'aurais pris le mien... Ah! fichtre!... une secousse!.. Qu'est-ce que c'est que cela? Est-ce que nous versons?

— N'ayez donc pas peur; c'est l'omnibus qui s'arrête, parce que quelqu'un de l'intérieur veut descendre probablement...

— Voyez-vous! ils arrêtent pour ceux de l'intérieur, et on n'a pas voulu arrêter pour moi, quand je n'étais pas placé... Je me plaindrai à l'administration... Ah! voilà qu'on repart... Ça m'éblouit de voir ce monde, ces maisons qui ont l'air de glisser devant moi.

— Ça doit vous éblouir bien davantage quand vous allez en chemin de fer, car ça passe bien plus vite devant nos yeux!

— Oui, c'est vrai... ça va plus vite, mais d'abord on a le droit de ne pas regarder par les portières... ensuite, moi, j'ai un autre moyen pour n'avoir pas d'éblouissement en chemin de fer... je n'y vais jamais.

— Alors, monsieur ne voyage donc pas?

— Quelquefois... Tenez, par exemple, en ce moment, j'arrive de Troyes... patrie des boudins de sanglier à la pistache... et autres... comme j'ai dit tout à l'heure au conducteur. J'aurais pu prendre le chemin de fer... mais je m'en suis bien gardé!... Il y a des gens qui y laissent un bras, une jambe, un nez... Je sais bien que cela n'arrive pas tous les jours, mais je n'aurais qu'à m'y trouver ce jour-là!... Je vous avoue que je tiens essentiellement à me conserver intact le plus longtemps possible.

— Comment donc alors êtes-vous venu de Troyes à Paris, monsieur?

— D'abord, un ami m'a prêté une carriole avec laquelle j'ai fait huit lieues; je me suis arrêté à un endroit où l'on m'a loué un âne, sur lequel j'ai fait quatre lieues; je suis allé chez un autre ami qui m'a prêté un petit char-à-bancs qui m'a mené six lieues ; là, je suis monté sur un bidet sur lequel j'ai fait cinq lieues... Finalement, de carriole en char-à-bancs, et d'âne en bidet, j'ai fini par arriver...

— Et combien avez-vous mis de temps à venir de Troyes à Paris ?...

— Quatre jours, pas davantage.

Un éclat de rire accueille la réponse de M. Choublanc, qui, en se retournant pour apercevoir les personnes qui sont derrière lui, et que le récit de son voyage a mises en gaîté, reçoit en plein visage une énorme bouffée de fumée de caporal, que lui envoie un particulier assis positivement derrière lui, et qui se retournait aussi, curieux de voir la tête de ce monsieur qui avait mis quatre jours pour venir de Troyes à Paris.

L'individu qui fumait une petite pipe, vulgairement appelée *brûle-gueule*, est porteur d'une de ces figures qui n'ont point d'âge, parce que les traits sont ensevelis et presque entièrement cachés sous de la barbe, des moustaches, des favoris, des cheveux longs, enfin sous une masse de poils, fort mal léchés, dont le désordre ne semble point un effet de l'art. Mais déchiffrez donc un visage sous cet amas de choses qui remplacent un masque ! c'est tout au plus si, sous des sourcils épais et proéminents, on aperçoit des yeux bruns qui sont assez grands, mais très-renfoncés, et qui cependant jettent beaucoup de feu ; et un nez très-fort, recourbé en bec d'oiseau de proie, et dont le bout a une teinte de vinosité assez prononcée.

Le costume de ce personnage va merveilleusement avec le brûle-gueule qu'il porte à la bouche. C'est un laisser-aller plus qu'artistique. Il est enveloppé dans un immense paletot raglan en drap brun, mais qui a beaucoup de service et dont plusieurs boutons auraient besoin d'être renouvelés ; un large pantalon gris passé, des bottes non cirées et un chapeau gris, bas de forme, mais à larges bords, tel est le costume de cet individu, qui peut avoir cinquante ans, qui n'en a peut-être pas quarante, mais qui néglige absolument l'emploi de la brosse pour ses cheveux et ses vêtements ; c'est la seule chose dont il ne soit pas permis de douter en le regardant.

— Ah diable !... il paraît donc qu'on fume ici..., c'est donc permis ? s'écrie M. Choublanc en clignant des yeux.

— Pourquoi ne fumerait-on pas ? dit l'ouvrier ; on est en plein air, ça ne gêne personne...

— Excepté quand on vous envoie de la fumée dans les yeux !

— Si j'avais du tabac, moi, je sais bien que j'en fumerais joliment une petite... Vous n'en avez pas de trop, par hasard ?

— De quoi ?

— De tabac...

— Si fait, je puis vous en offrir.

M. Choublanc sort de sa poche une très-belle tabatière en écaille doublée d'or, et offre une prise à l'ouvrier, qui sourit en disant :

— Ce n'est pas de celui-là que je vous demandais..., c'est de celui avec lequel on bourre sa bouffarde.

— Je n'en ai pas d'autre, je ne fume jamais.

— Et moi je ne prise pas...

— Moi, je fais l'un et l'autre, dit l'individu aux longs cheveux, et si monsieur veut bien permettre...

Et en même temps une main longue, maigre, et qui aurait grand besoin de faire connaissance avec la pâte d'amandes, s'avance et plonge des doigts assez bien effilés dans la jolie tabatière de M. Choublanc.

II

DANGERS DE L'INTÉRIEUR D'UN OMNIBUS

Le monsieur qui a fait son entrée à quatre pattes sur l'omnibus n'est pas infiniment flatté de la tenue de cette main qui vient de puiser dans sa tabatière ; mais comme il aime beaucoup à causer, comme son plus grand bonheur est de parler... et que lorsqu'on tient à trouver des auditeurs, il ne faut pas être toujours très-difficile sur le choix, il salue poliment, en disant :

— A votre service, monsieur.

Et à propos de ces gens qui veulent sans cesse parler, vous remarquerez que c'est toujours pour vous entretenir d'eux, de ce qu'ils ont fait, de ce qu'ils ont dit, de ce qu'ils ont pensé, et de ce qu'ils ont l'intention de faire en telle ou telle circonstance. Quand celui qui vous conte cela est un gaillard de la force de M. Choublanc, jugez de l'agrément que doit avoir celui qui l'écoute !... puisque, lors même que ce serait un auteur, un homme de talent, d'esprit, de génie même, l'individu qui parle sans cesse et continuellement de lui est, à mon avis, l'être le plus insupportable, le plus ennuyeux que l'on puisse rencontrer dans la société, et malheureusement on en rencontre à chaque instant ; ce défaut est très-commun, car ceux qui en sont endommagés ne s'en doutent point. Comme le sujet qu'ils traitent les intéresse infiniment, comme sans doute ils ne connaissent au monde rien de plus intéressant que leur personne, ils sont persuadés que vous êtes trop content de les entendre. Si par hasard vous voulez vous permettre de glisser un mot dans la conversation, de dire aussi quelque chose, ces aimables gens ne vous écoutent pas, car ils ne manquent jamais de vous couper la parole pour répondre à ce que vous leur avez dit.

Pourquoi ce défaut, ou, si vous voulez, cette manie est-elle devenue si commune ? Pourquoi bien des gens, qui ne manquent pas d'esprit du reste, ne comprennent-ils pas qu'en traitant continuellement le même sujet, en nous parlant sans cesse d'eux, et puis encore d'eux, et toujours d'eux, ils nous font l'effet d'un excellent traiteur qui ne pourrait nous offrir que d'un seul plat ? Alors même que ce plat serait délicieux et parfaitement accommodé, nous ne tarderions pas à nous en lasser, et nous ne retournerions plus dîner à un endroit où l'on voudrait toujours nous faire manger la même chose.

M. de Talleyrand disait que la plus grande preuve de politesse dans le monde était de savoir écouter. Oh ! oui ! en effet, il faut être bien poli pour écouter patiemment quelqu'un qui vous ennuie et qui n'en finit jamais ; mais aussi, parler sans cesse de soi, ne vouloir occuper le monde de ce qui vous est personnel, dénote un manque de tact et surtout d'éducation.

J'ai essayé, moi, de corriger de ce défaut deux jeunes gens avec lesquels je n'avais aucune raison pour me gêner, et comme tous deux sont des hommes d'esprit, je me flattais qu'ils comprendraient que c'était dans leur intérêt que je leur faisais remarquer leur malheureuse habitude.

A l'un qui est peintre, je lui dis franchement : « Vous ne pourriez donc pas, une fois par hasard, parler d'autre chose que de vous ? Je vous aime beaucoup, mon cher ami, mais je vous suis par cœur, vous savez que tout ce que vous allez me dire. Si nous causions de quelque chose de nouveau, ce serait bien plus amusant pour moi. »

Le jeune peintre me regarda d'un air étonné, surpris, comme s'il ne comprenait pas ce que je lui disais ; il fit la moue et ne souffla plus mot de la journée, ce qui pouvait signifier :

— Si vous ne voulez plus que je vous entretienne de moi, de quoi diable voulez-vous que je parle ?

A l'autre, qui est auteur, et qui vous coupe sans cesse la parole pour continuer de vous dérouler ses plans et projets, je me permis un jour de raconter aussi quelque chose et de continuer de parler, quoiqu'il eût repris la parole, ce qui fait que pendant plusieurs minutes nous parlâmes tous les deux en même temps. Le jeune auteur s'arrêta enfin, en me regardant d'un air stupéfait, ne comprenant pas que l'on pût ne point l'écouter.

Et depuis ce temps il ne me parla plus du tout.

Et tous les deux ont continué leur petit train ordinaire sans y rien changer. C'est presque toujours ainsi que les hommes se corrigent.

Revenons à M. Choublanc.

Il se disposait à remettre sa tabatière dans sa poche, lorsque le monsieur à la pipe s'écria :

— Oh ! quelle charmante tabatière !... et quel excellent tabac !...

— N'est-ce pas, il est bon ?... c'est du belge.

— Qu'il soit belge ou hollandais, peu m'importe... je l'apprécie que sa qualité... je suis cosmopolite, moi !..., je n'ai pas plus de penchant pour un pays que pour un autre... je leur demande à chacun ce qu'ils produisent de mieux, et puis, peu m'importe ce que disent et pensent les habitants... J'ai tant voyagé. S'il m'avait fallu prendre les mœurs, les modes de chaque pays où j'ai vécu, cela m'aurait pris trop de temps...

— Ah ! monsieur a beaucoup voyagé ?... c'est comme moi, avec des livres... j'ai lu tous les voyages du capitaine Cook ; j'ai appris presque par cœur le *Voyage autour du monde* de Jacques Arago... c'est très-intéressant...

— C'est cela que vous appelez voyager ?... Cela n'a pas dû vous fatiguer... Si j'osais vous demander encore une prise de cet excellent tabac...

— Avec plaisir... Je trouve que c'est une distraction de priser... êtes-vous comme moi ?

— Tout à fait de votre opinion... Cette tabatière est d'un goût charmant ; voulez-vous me permettre de l'examiner de plus près ?...

— Très-volontiers.

M. Choublanc passe sa tabatière à son voisin de derrière, qui la prend, l'examine fort longtemps, offre du tabac à tous ses voisins, puis enfin se décide à la rendre à son propriétaire, qui la met dans sa poche, en se tournant vers l'ouvrier placé à sa gauche, lequel regardait alors avec attention l'amateur de tabac : on aurait dit qu'il cherchait dans sa mémoire pour se rappeler

où il avait déjà vu la figure de ce monsieur. Celui-ci, en se retournant tout à fait, met fin à cet examen, et il peut écouter M. Choublanc, qui lui dit :
— Je ne sais pas trop si cette voiture me mènera près de l'endroit où j'ai affaire...
— Où voulez-vous aller, monsieur?
— Rue de Chartres, où est le théâtre du Vaudeville.
— D'abord, il n'y en a plus, monsieur.
— Il n'y a plus de théâtre du Vaudeville à Paris?
— Si fait ; mais il n'est plus rue de Chartres ; cette salle-là a brûlé, puis elle a été démolie ainsi que la rue, pour faire place aux nouvelles bâtisses de la rue de Rivoli.
— Ah! diable!... comment! on a démoli ce pauvre Vaudeville...
— Puisque la salle et le théâtre étaient brûlés...
— C'est égal, on aurait dû les conserver... Je l'aurais revue avec plaisir cette petite salle... berceau de nos premiers chansonniers... C'est là que l'on a donné *Fanchon la vielleuse*, charmante pièce qui fit courir tout Paris... Je ne l'ai jamais vue... mais j'avais une tante qui me chantait continuellement :

Fill'ette sage, apporte en France,
Avec quinze ans,
Ton cœur, la vielle et l'espérance !...
Et l'espérance !...

— Ah ! il chante à présent ! Il ne lui manquait plus que cela ! murmure entre ses dents le vieux monsieur en noir, qui se met à cogner sur la voiture avec son parapluie, pour tâcher de couvrir la voix de son voisin.
Lorsqu'il a terminé sa chanson, M. Choublanc reprend :
— Ah ! il n'y a plus de rue de Chartres !... Heureusement, je connais quelqu'un rue Froidmanteau, il me renseignera sur ceux qui sont déménagés...
— Vous ne trouverez plus rue Froidmanteau, monsieur, dit l'ouvrier en souriant.
— Je ne la trouverai plus !... oh ! très-facilement, au contraire... Elle donne sur la place du Palais-Royal... il y avait même, vers le milieu de la rue, un traiteur à trente-deux sous, où l'on n'était pas trop mal... j'y ai dîné... avec des amis... qui me régalaient... Par exemple, le pain était toujours rassis... on en avait à discrétion ; mais il était sûr qu'on en mangeait peu.
— La rue Froidmanteau n'existe plus, monsieur.
— Comment... elle n'existe plus !... elle aurait brûlé comme le Vaudeville ?...
— Non, monsieur, mais elle a été démolie pour faire place à la rue de Rivoli...
— Ah bah ! cette pauvre rue Froidmanteau a disparu !... Je la regrette ; c'était une vilaine rue... étroite, toujours sombre, et crottée... il était impossible d'y passer, même en été, sans être éclaboussé...
— Pourquoi donc la regrettez-vous alors ?...
— Parce que je ne saurai plus m'orienter... si on a refait tout Paris ; depuis dix-huit ans que je n'y suis venu... vous comprenez que je ne vais plus m'y retrouver... Enfin, j'irai rue du Coq, où j'ai aussi une connaissance... et là, j'espère...
L'ouvrier part cette fois d'un éclat de rire ; Choublanc s'interrompt pour lui demander ce qui cause sa gaieté.
— Dame ! monsieur, c'est que vraiment vous jouez de malheur... toutes les rues où vous avez affaire ont disparu... la rue du Coq aussi... tout cela a fait place à la rue de Rivoli.
— Encore la rue de Rivoli... toujours la rue de Rivoli !... Ah ça ! dites-moi tout de suite qu'il n'y a plus à Paris que la rue de Rivoli... et que ça finisse !... Mais on a donc agrandi Paris au double !...
— Ça n'est pas vrai ! dit le vieux en cravate blanche en secouant la tête et haussant les épaules. Il y a des imbéciles qui répètent sans cesse : Paris s'agrandit tous les jours... mais tant qu'on ne recule pas les barrières, Paris ne s'agrandit pas d'un pouce ! Ah ! dites que chaque jour le nombre des maisons augmente, que l'on abatte des rues, des quartiers tout entiers, qu'il y avait des marais, des terrains abandonnés... que les jardins publics ont fait place au moellon ! que les constructions s'élèvent où ce n'étaient que des ruelles bordées de planches... à la bonne heure !...
— Il me semble cependant, dit Choublanc, que si le nombre des maisons augmente dans Paris, c'est absolument comme si on l'agrandissait, car...
— Mais non, monsieur ; il a toujours la même circonférence... sept lieues et demie environ... et il n'y a point deux de plus à faire pour aller de la barrière du Trône à celle de l'Étoile.
— Il paraît, monsieur, que vous ne lisez pas de journaux et que vous êtes peu au courant de ce qui se passe, dit un particulier assis plus loin, car vous sauriez alors qu'on a reculé les barrières, puisque *Passy* et *Boulogne*, et les *Ternes* sont maintenant dans Paris.

Le vieux monsieur fronce les sourcils, hausse les épaules et murmure :
— Ce sont des bruits qu'on fait courir pour augmenter les loyers dans ces endroits-là ! puis il appuie sa tête sur sa main qui tient son parapluie et ne répond plus à M. Choublanc, qui s'écrie :
— Ah ! mon Dieu... tout cela me jette dans une perplexité... Dites-moi, monsieur, est-ce que la porte Saint-Denis se serait aussi fondue dans la rue de Rivoli?
Un rire général accueille cette question.
— Rassurez-vous, dit l'ouvrier, la porte Saint-Denis est toujours à sa place... mais vous venez de passer devant tout à l'heure.
— Est-ce que vous croyez que je reconnais quelque chose, juché sur cette voiture !... Le mouvement, le roulement, tout ce monde qui passe... cela m'étourdit ; il me semble que je valse... Et comment diable fait-on pour descendre d'ici ?
— On descend comme on est monté.
— Mais je ne sais pas du tout comment je suis monté... le conducteur m'a poussé, sans cela je serais encore en bas...
Des cris qui partent de l'intérieur de l'omnibus attirent l'attention des voyageurs placés sur l'impériale ; on distingue des voix de femmes qui appellent au secours et crient au conducteur d'arrêter. Celui-ci arrête.
— Il se passe quelque chose d'extraordinaire au-dessous de nous ! dit Choublanc d'une voix tremblante, est-ce que l'omnibus a pris feu !... est-ce qu'on le démolit pour qu'il serve à la rue de Rivoli ?...
L'ouvrier, qui a entendu appeler au secours, a déjà descendu la moitié des marches, et s'arrête devant la portière de la voiture, de laquelle plusieurs dames sortent précipitamment et d'un air bouleversé, s'arrêtant dès qu'elles sont à terre pour secouer leur robe en entier, en examinant de bas en haut comme si elles se cherchaient des puces.
— Qu'est-ce qui est donc arrivé ? qui peut ainsi effrayer ces dames ? pourquoi se sauvent-elles toutes de l'omnibus ? demande le jeune ouvrier au conducteur.
Celui-ci, qui vient d'apprendre ce qui est arrivé dans l'intérieur de sa voiture, est en train d'adresser des reproches à un gros homme, habillé en blouse de toile, coiffé d'un immense chapeau de paille, et qui est alors occupé à ramasser à terre et sur les banquettes de petits objets difficiles à distinguer de loin.
— Monsieur ! dit le conducteur, apprenez qu'on ne doit pas monter dans un omnibus quand on porte sur soi de ces choses-là.
— De quoi ! de quoi ! il est encore bon là, le conducteur ! et depuis quand ne monte-t-on pas dans vos voitures avec un sac à sa main... on y monte avec bien d'autres choses... il y a des gens qui se servent de vos omnibus pour faire leur déménagement !
— Nous n'empêchons pas qu'on ait des objets propres qui n'incommodent personne.
— Merci ! que j'aurais voulu être à côté de moi une femme avec des harengs qui empestaient.
— Les harengs ne peuvent pas se sauver et grimper sur tout le monde.
— Est-ce ma faute si mon sac a crevé ?... Nous étions trop pressés... J'avais presque sur mes genoux cette grosse dame qui a tant crié ; c'est elle qui, avec son postérieur, aura crevé mon sac d'asticots !... Ces petits animaux, se sentant libres, se sont sauvés de droite et de gauche... est-ce que c'est ma faute, encore une fois ?... Toutes les chipies qui étaient dans la voiture ont fait des cris de merluisine, parce que quelques-unes ont trouvé des asticots qui couraient sur leurs mollets... Eh ! mon Dieu ! après tout ! on sait ce que c'est... un article indispensable pour la pêche, de la friandise pour le poisson !... et voilà ! Ça ne les aurait pas mangées !... Tenez, voyez madame qui est restée, là-bas au fond, à la bonne heure, elle n'a pas eu peur celle-là... voilà une femme que j'estime !
La personne à laquelle le pêcheur adressait ce compliment est une femme énorme, coiffée d'un fichu, habillée d'une robe d'indienne, relevée d'un tablier qui a pu être blanc, mais qui est devenu de toutes les couleurs. Cette dame, qui est parfaitement crottée, et dont les mains calleuses sont semblables à son tablier, répond en faisant voir deux ou trois dents égarées dans sa bouche :
— Tiens, pourquoi donc que je craindrais les asticots ?... c'est déjà pas si mauvais !... Je les adore dans le fromage de Jérômée !... Quand j'en achète, je dis à l'épicier : « Si votre fromage ne marche pas tout seul, je n'en veux pas. »
— Ah ! que vous avez raison ! ah ! que vous avez bon goût !... vous connaissez ce qui est bon !
Le jeune ouvrier, rassuré sur les événements arrivés dans l'intérieur de la voiture, remonte à sa place, et apprend aux voyageurs de l'impériale quelle était la cause du bruit qu'ils ont entendu.

— Parbleu, dit le monsieur qui fume sa pipe, ce n'est pas la première fois que des événements de ce genre arrivent dans une voiture publique. Semblable histoire s'y est passée un jour que je m'y trouvais; seulement, au lieu d'asticots, c'étaient des colimaçons qu'un particulier portait dans un panier couvert, et qui avaient trouvé moyen d'en sortir; ils s'étaient répandus par toute la voiture, et plusieurs dames poussèrent les hauts cris, parce que ces audacieux colimaçons s'étaient fourrés sous leurs jupons, d'où ils ne voulaient plus déguerpir, ce qui donna lieu à des scènes très-bouffonnes... Certainement, le colimaçon n'est point un animal malfaisant! au contraire, on le dit très-bon accommodé à la poulette, et on en fait un bouillon que l'on assure être souverain pour les affections de poitrine; cependant il n'est point agréable d'en écraser en s'asseyant dessus. Cette aventure fut cause que depuis ce temps, je monte sur le dessus des omnibus au lieu de me placer dedans... On a beau être philosophe... on n'aime point à s'asseoir sur les colimaçons.

Au bout de quelques minutes, la voiture s'arrête; cette fois on était arrivé à la station du boulevard de la Madeleine. Tous les voyageurs se hâtent de descendre. M. Choublanc reste le dernier sur l'omnibus; il se tourne, se retourne, et se décide enfin à se remettre à quatre pattes, pour descendre comme il est monté. Avec l'aide du conducteur, il arrive pourtant jusqu'à terre sans tomber.

III

CONVERSATION DANS LA RUE

M. Choublanc a poussé une exclamation de plaisir en se retrouvant à terre. Il regarde un moment autour de lui, croyant retrouver ses voisins de l'impériale; mais tout le monde est parti, excepté le particulier au brûle-gueule, qui, après avoir éteint sa pipe, la renserre avec soin dans sa poche, et s'arrête contre un arbre, en examinant de loin le monsieur qui lui a donné du tabac.

— Voyons, se dit M. Choublanc, me voici à terre. C'est fort bien, mais ce n'est pas tout! Il s'agit maintenant de trouver ceux que je viens chercher à Paris. D'après ce qu'on m'a dit tout à l'heure sur la voiture, presque tout le monde demeure maintenant rue de Rivoli... c'est donc vers cette rue que je dois me diriger... Il me semble que je la connais. La dernière fois que je suis venu à Paris... il y a dix-huit ans... oui, il y a environ cela... je suis allé voir *Robert le Diable* à l'Opéra, j'ai dans l'idée que j'ai passé par cette rue-là... Orientons-nous un peu.

Et pour mieux y voir, M. Choublanc veut prendre une prise; il fouille à sa poche et cherche sa tabatière; mais en vain il visite chacune de ses poches, la jolie boîte d'écaille doublée en or n'y est pas.

— Ah! mon Dieu!... j'ai perdu ma tabatière... me l'aurait-on volée! s'écrie le Champenois désespéré en continuant de se fouiller en vain. Ah! je l'aurai laissée sur la banquette de la voiture en croyant la remettre dans ma poche... Heureusement, l'omnibus qui m'a amené, est encore là.

M. Choublanc court faire sa réclamation. Le conducteur s'empresse de monter pour regarder sur l'impériale, mais on n'y trouve pas la tabatière.

— Vous l'aurez laissée tomber, lui dit-on, en croyant la remettre dans votre poche; elle se sera perdue en route... à moins qu'un voisin trop soigneux ne l'ait ramassée... Écoutez donc! nous ne répondons pas des voyageurs!

M. Choublanc est obligé de se résigner, il se remet en marche en se disant :

— Diable! vilain début... et qui ne me promet rien de bon.

Pendant que ceci se passait, le monsieur au grand chapeau gris, comme s'il eût deviné de quoi il s'agissait, avait jugé convenable de gagner du terrain en descendant du côté de la rue Saint-Honoré.

M. Choublanc suit le même chemin; il se fait indiquer la rue de Rivoli, et au moment d'y arriver se sent arrêté par le bras; il se retourne et reconnaît son voisin de l'omnibus auquel il a donné du tabac. Ce monsieur lui fait un sourire des plus aimables en lui disant :

— Par la sambleu! je crois que c'est monsieur qui me faisait dos à dos sur l'omnibus... Enchanté de la rencontre... Vous avez, il me semble, affaire dans des rues que l'on a supprimées... si je pouvais vous être bon à quelque chose... j'ai du temps à moi, j'aime à me promener, et je serais trop heureux de vous piloter...

— Vous êtes infiniment obligeant, monsieur, répond le Champenois avec un certain air de défiance; car tout en examinant la tenue plus que négligée du personnage officieux, il se rappelle qu'il lui a prêté un moment sa tabatière.

L'individu au chapeau à grands bords, qui semble lire dans la pensée de M. Choublanc, s'écrie aussitôt :

— Avant tout, monsieur, si je ne suis pas indiscret, je vous demanderai une prise de ce délicieux tabac dont vous avez bien voulu me régaler sur la voiture.

— Mes soupçons étaient bien injustes! se dit en lui-même le Champenois, car si cet homme m'avait chipé ma tabatière, il ne me demanderait pas maintenant une prise de tabac... ceci est clair comme deux et deux font quatre.

Et il répond alors à son interlocuteur :

— Ah! mon cher monsieur, je voudrais bien pouvoir vous offrir du tabac!... mais il faudrait pour cela que j'eusse encore ma tabatière.

— Comment! cette charmante tabatière que j'ai admirée tout à l'heure...

— Je ne l'ai plus, monsieur... disparue... Depuis que j'ai quitté la voiture, je la cherche en vain. Je l'ai perdue ou on me l'aura volée!

— Il est bien probable qu'on vous l'aura volée!... et pour mon compte j'en ferais volontiers la gageure. Et tenez, à côté de vous, sur la banquette, il y avait ce petit homme... en cravate blanche... il faut beaucoup se méfier des gens qui portent des cravates blanches.

— En vérité!... est-ce que c'est la tenue des voleurs à Paris?

— Je ne dis pas cela précisément, mais beaucoup en portent afin d'inspirer de la confiance... Le monde est si niais, monsieur, il se laisse toujours prendre aux apparences; il voit un homme bien couvert, qui porte des gants... il dit : « C'est un individu qui a de quoi! par conséquent ce n'est point un voleur. » Justement c'en est un! Et voilà pourquoi je ne porte plus de gants, moi.

— Diable! et moi qui ai une cravate blanche!... si on allait me prendre aussi pour un voleur?...

— Non! votre tournure annonce que vous n'êtes point de Paris...

— Mon Dieu, la belle rue... c'est magnifique... où suis-je, s'il vous plaît?

— Toujours dans la rue de Rivoli. Oh! vous n'êtes point au bout, elle est maintenant d'une belle longueur... Où voulez-vous aller?

— Je voulais aller chez mon ami Cornouillet... Ce pauvre Cornouillet!... La dernière fois qu'il est venu me voir à Troyes, il m'avait fait promettre d'aller me loger chez lui quand je viendrais à Paris.

— Et où demeure-t-il, votre ami Cornouillet?

— Eh mon Dieu! rue de Chartres, tout près du Vaudeville.

— C'est fort bien... mais puisque tout cela est démoli, votre ami a dû déménager...

— C'est juste... il aurait dû m'envoyer sa nouvelle adresse... et je ne la sais pas...

— C'est que probablement votre ami Cornouillet ressemble à beaucoup de gens, toujours prêts à faire des offres de service... mais qu'on ne trouve plus quand on a besoin d'eux.

— Oh! Cornouillet n'est pas de ces gens-là... il serait enchanté de me voir...

— De vous voir... chez vous, c'est possible, mais chez lui, ce n'est peut-être pas la même chose. Nous avons comme cela une foule de gens qui sont aussi très-bons vivants chez les autres, et chez lesquels on dîne horriblement mal, quand on a le malheur d'y dîner... Voyons... vous connaissez sans doute d'autres personnes à Paris?

— Oh! oui, je connais madame Renard et sa fille, des dames bien aimables... qui ne se sont jamais mariées.

— Comment!... la mère non plus?

— Ah! si... la mère est veuve, elle doit être veuve; elle faisait le commerce de jambons et de viandes salées... Ayant amassé de quoi vivre agréablement, elle est venue se fixer à Paris avec sa fille. C'est une dame qui a été jolie, et qui est très-bien conservée.

— Cela ne m'étonne pas, si elle faisait le commerce de viandes salées.

— Elle m'a dit en partant : « Quand vous passerez devant chez nous, montez donc nous dire bonjour. »

— Invitation un peu vague, puisque ces dames venaient à Paris et vous laissaient à Troyes... Vous ne pouviez guère passer devant chez elles, à moins d'y aller exprès... Et vos dames Renard demeurent...

— Rue Froidmanteau, 11 ou 13.

— Celles-là ont dû aussi déménager... Ensuite?

— Ensuite, j'avais encore Pierrotin... un ancien premier clerc du notaire de chez nous... un garçon plein d'esprit! Il me faisait toujours des niches... mais comme je ne me fâche jamais,

nous étions très-bien ensemble. Quand il a quitté notre ville, il m'a dit : « Monsieur Choublanc, quand vous viendrez à Paris, venez donc me trouver... je vous y servirai de cicérone, je vous ferai voir la mer. »
— Comment! il voulait vous faire voir la mer à Paris?
— Je ne sais pas de quelle mer il voulait parler, mais je sais qu'il m'a dit cela. Je me proposais de lui en demander l'explication en allant le voir rue du Coq; mais puisqu'il n'y a plus de rue du Coq, je dois aussi renoncer à trouver Pierrotin.
— Est-ce que vous ne connaissez personne dans d'autres quartiers, car tous les quartiers n'ont pas subi le même bouleversement...
— Ma foi non... je ne me rappelle pas... Ah! c'est-à-dire si! je connais bien quelqu'un qui est logé, à ce que je crois, boulevard Beaumarchais... On dit que l'on a fait aussi de nouvelles maisons fort jolies par là... que cela ressemble au boulevard des Italiens... Je présume que la personne que je cherche habite une de ces maisons récemment bâties...
— Alors, celle-là vous êtes sûr de la trouver.
— Ah! vous pensez que je la trouverai?
— Mais vous n'avez pas l'air très-empressé de vous rendre chez cette personne-là... c'est peut-être quelqu'un que vous ne connaissez pas beaucoup... ou bien à qui vous devez de l'argent?
M. Choublanc relève la tête avec fierté en s'écriant :
— Je ne dois d'argent à personne, monsieur; je n'ai jamais fait de dettes, moi... je n'ai jamais eu besoin d'emprunter!...
— Si vous n'avez jamais eu besoin d'emprunter, je ne m'étonne pas que vous n'ayez point fait de dettes. Vous êtes très-riche, alors?
— Je ne suis pas très-riche... j'ai de quoi vivre, et je me suis borné à ne dépenser que mon revenu... Ah! si je ne m'étais pas borné...
— Il y a des personnes qui n'ont pas cette sagesse... Moi, tenez, monsieur, tel que vous me voyez, j'ai eu vingt mille francs de rente... et je n'ai plus le sou.
— Vous avez essuyé des revers?
— Je n'ai rien essuyé... j'ai mangé ce que j'avais... j'en ai même mangé le double... J'ai toujours eu beaucoup d'appétit. J'aurais mangé des millions, moi, monsieur...
— Diable! quel estomac vous avez!...
— Revenons à votre personne du boulevard Beaumarchais... que vous connaissez peu peut-être?
— Pardonnez-moi... je la connais beaucoup, au contraire, cette personne... mais je ne voudrais pas aller lui demander à loger... d'autant plus que je crois qu'elle me refuserait...
— Ah bon! ce n'est pas un ami, alors?...
— Si je vous disais qui c'est, je vous surprendrais bien!
— Vous avez le droit de me surprendre!...
— Cela vous paraîtrait fort drôle!...
— J'aime beaucoup ce qui est drôle!...
— Eh bien! cette personne... c'est ma femme, monsieur!
— Votre femme!... Et vous n'osez pas descendre chez elle?
— C'est comme j'ai l'honneur de vous le dire!
— En voilà une sévère!... Après cela, si vous êtes séparés...
— Hélas, oui!... depuis très-longtemps... Ceci est une histoire que je vous raconterais bien, si je ne craignais de vous ennuyer...
— Vous êtes incapable de m'ennuyer... vous m'amusez beaucoup, au contraire... la position fausse où vous vous trouvez, en arrivant à Paris, m'intéresse vivement... Je suis enchanté d'avoir fait votre connaissance.
— Vous êtes bien bon; en ce cas, je vais vous raconter l'histoire de mon mariage...
— Très-bien... mais permettez, pour parler, vous, et moi pour écouter... il me semble que nous serions beaucoup mieux dans un café... en prenant... quelque chose...
— Vous avez raison; d'ailleurs, il fait très-chaud et je me rafraîchirai volontiers... si vous voulez accepter aussi un léger rafraîchissement...
— Avec grand plaisir... Tenez, voici un café qui nous tend les bras... n'allons pas plus loin.
Et l'individu au chapeau gris forme espagnole fait entrer Choublanc dans un fort beau café-restaurant.

IV

NOUVELLE MANIÈRE DE SE FAIRE REMARQUER PAR UNE DEMOISELLE

Le Champenois admire les glaces, les dorures, les peintures du café dans lequel il vient d'entrer. Son compagnon ne s'amuse pas à regarder tout cela. Il choisit une table qui est dans une encoignure, et va s'y asseoir en disant :
— Nous serons parfaitement ici pour causer.
— M. Choublanc se place vis-à-vis de ce monsieur en s'écriant :
— Comme les cafés deviennent élégants à Paris... comme c'est riche... comme c'est beau!
— Vous ne voyez rien encore.. je vous en ferai admirer bien d'autres...
— Vous saurez donc, monsieur, que ma femme...
— Permettez, voilà le garçon.
— Ah! c'est juste... je prendrai de la bière, moi... ça rafraîchit; et vous, monsieur?
— Garçon, servez-moi un bifteck aux pommes, et bien saignant!
M. Choublanc, tout étonné d'entendre son compagnon demander un bifteck pour se rafraîchir, lui dit :
— On tient donc aussi du bifteck ici?
— Mon cher monsieur, sachez que maintenant, à Paris, il n'y a pas un café un peu propre où l'on ne puisse dîner quand cela plaît. Le mot café signifie à présent : restaurant.
— Ah! très-bien... je croyais qu'il fallait qu'on eût mis sur la devanture : Déjeuners chauds et froids.
— Fi donc! c'est bien inutile, maintenant.
— Alors, puisque vous prenez un bifteck, j'ai bien envie de faire comme vous, et d'en prendre un aussi.
— Je vous y engage... c'est plus sain que la bière... Maintenant, voyez-vous, on vend tant de sortes de bières à Paris, qu'on n'est jamais sûr de ce qu'on boit... il y en a qui donnent des coliques fâcheuses.
— Vraiment! je ne veux pas en boire, alors.
— Et vous ferez sagement.
— Garçon... un bifteck comme à monsieur!
— Et du vin, garçon, du bordeaux!
Au fait, reprend Choublanc en accrochant son chapeau à une patère qui est au-dessus de son vis-à-vis, je n'avais pris ce matin que du café au lait en arrivant à Paris, ça ne soutient pas assez.
— Du café au lait! ce n'est pas un déjeuner cela, monsieur... vous avez besoin de déjeuner, et vous demandiez de la bière... quelle faute!
— J'avais pensé d'abord que je déjeunerais chez Cornouillet!
— Puisque vous ne savez plus où le prendre.
— Je me disais aussi : « On m'offrira quelque chose chez les dames Renard... » et ensuite : « Il est probable que ce farceur de Pierrotin voudra me payer à dîner.
— Je comprends, vous comptiez vivre à l'œil dans Paris?
— Qu'est-ce que cela, à l'œil! Je ne sais pas.
Le vis-à-vis de Choublanc le regarde quelque temps d'un air presque moqueur, puis murmure :
— Vous êtes bigrement arriéré, mon cher monsieur, ce serait toute une éducation à faire... Mais voici les biftecks, c'est plus intéressant... Garçon, vous me servirez des rognons sautés après cela.
M. Choublanc commence à trouver son compagnon a une singulière manière de se rafraîchir, mais l'exemple l'entraîne, et il se décide à demander aussi des rognons en se disant :
— Par exemple, je me bornerai à cela... je n'ai point envie d'imiter toujours ce monsieur, qui m'a prévenu qu'il mangerait des millions!
— Permettez-moi, monsieur, de vous verser du bordeaux, et de boire à votre santé en me félicitant d'avoir fait votre aimable connaissance... mon cher monsieur... Tiens, je ne sais pas encore votre nom.
— Choublanc, Babilas-Paterne Choublanc...
— Je bois à la vôtre... Ah! vous vous nommez Choublanc!... Il me semble que ce nom ne m'est pas inconnu... que ce n'est pas la première fois qu'il frappe mon oreille... est-ce que vous êtes aussi dans les viandes salées?
— Non, monsieur, je n'ai jamais fait le moindre commerce... je n'avais point de vocation pour cela. Les femmes et les tulipes, voilà tout ce que j'ai aimé, monsieur.
— Ah! vous êtes un amateur.
— Oui, monsieur, c'est pour cela que je me suis marié et que j'avais un jardin... mais cela coûte fort cher.
— Les femmes... oh! oui!
— Non, les tulipes. J'en étais fou, monsieur!
— De vos tulipes?
— Non, de ma femme. J'en avais mis en bordure dans l'allée de mon jardin...
— Des femmes?
— Non! les tulipes. Je croyais qu'elle m'en saurait gré...
— Vos tulipes?
— Eh non! ma femme.

— Ah! sapristi, monsieur Choublanc... voulez-vous parler de tulipes? parlons de tulipes... Voulez-vous parler de votre femme? parlons de votre femme; mais seulement, décidez-vous, car nous barbotons depuis un moment.

— Ah! monsieur, c'est de ma femme que je veux vous parler...

— Comme vous soupirez à son souvenir, mon cher monsieur Choublanc!... Il paraîtrait que madame ne vous a pas rendu très-heureux... Buvez donc, cela vous remettra.

— Je viens de boire.

— Ça ne fait rien, redoublez.

— Je crains de m'étourdir.

— Avec du bordeaux, jamais! c'est un vin froid et que l'on ordonne aux malades... plus vous en boirez, moins vous serez étourdi!

— En vérité?

— Essayez plutôt!... Ah! voici nos rognons... ce fumet prévient en leur faveur... Garçon, après ces rognons, vous me servirez une tranche de pâté de foie gras... J'aime à croire que vous en possédez?

— Toujours, monsieur.

— Comment!... vous mangerez encore quelque chose après ces rognons? dit Choublanc d'un air étonné.

— Si je mangerai quelque chose!... j'espère pardieu bien ne pas m'en tenir là... et vous allez faire comme moi...

— Je craindrais de me faire mal.

— Quel enfantillage!

— Au fait... cela me servira de dîner... Garçon, vous me donnerez aussi une tranche de pâté comme à monsieur...

— Oh! vous irez... vous le demanderez qu'à aller... mais il vous faut un guide, un pilote... C'est bien heureux pour vous que vous m'ayez rencontré, sans quoi vous étiez capable de vous laisser mourir de faim... Ces rognons provoquent à la boisson... Du vin, garçon... du même... mais qu'il soit meilleur...

— Je le trouve très-bon, moi.

— Oh! c'est que vous, mon cher monsieur Choublanc, vous n'avez pas comme moi bu des premiers crûs de France!

— C'est vrai, je suis borné à mon petit vin du pays.

— Vous vous êtes borné en tout... A votre santé!

— A la vôtre, monsieur... Pardon, mais, à mon tour... si je vous demandais votre nom...

— Vous en avez le droit!... je me nomme Ernest!...

— Ernest!... et puis?

— Comment, et puis? je ne vous ai pas parlé d'autre chose, je me nomme Ernest... voilà tout! il me semble que c'est assez d'un nom pour une personne.

— Excusez, c'est que souvent Ernest n'est qu'un nom de baptême.

— Qu'il soit de baptême ou de famille, prenez-le comme vous voudrez, ça m'est égal.

— Eh bien donc, mon cher monsieur Ernest, veuillez me prêter attention, je vais vous raconter l'histoire de mon mariage.

— Je ne suis qu'oreilles... mais buvons auparavant...

— Il me semble que cela m'étourdit.

— Je vous réitère que c'est impossible.

— Je m'en rapporte à vous... et je commence : j'avais trente ans, mon cher monsieur, lorsque je tombai amoureux d'Éléonore... car elle se nommait Éléonore...

— J'en ai connu une douzaine.

— De quoi?

— D'Éléonores. Ça ne fait rien ; allez toujours.

— C'était une bien belle demoiselle... belle taille... jolie tournure... de l'élégance... de la grâce... les yeux bleus, mélancoliques et fiers à la fois... un nez... je ne sais pas s'il était romain ou grec, mais c'était ce qu'on peut appeler un beau nez!... Enfin, monsieur, Éléonore avait tout pour plaire!...

— D'ailleurs, une femme nous semble toujours jolie quand elle nous plaît.

— Mais elle l'était réellement, monsieur.

— Je le veux bien... c'était une merveille, je n'y mets pas d'obstacles.

— Je fis sa connaissance dans une foire... c'était à la fête d'un petit village aux environs de Bar-sur-Seine... il y avait une foule de jeux comme dans toutes les fêtes champêtres... il y avait surtout un grand mât de cocagne.

— Est-ce que votre Éléonore y montait?

— Oh! par exemple!... Mais elle regardait avec d'autres dames, et je l'entendis s'écrier : « Si j'étais homme, je voudrais attraper les prix qui sont là-haut!... » Ces paroles m'électrisèrent, monsieur, je me dis : « Grimpons à ce mât... soyons vainqueur, et cela me fera remarquer par cette belle demoiselle. » Aussitôt je m'avance... je vais bravement au mât, je l'étreins dans mes bras... je monte un peu... je déchire mon pantalon, et je n'attrape rien... qu'une assez forte écorchure au genou!...

Mais c'est égal, elle m'avait remarqué. Je trouve une vieille paysanne qui, moyennant salaire, veut bien faire une reprise à mon pantalon, et je retourne à la foire. Je retrouve ma belle demoiselle qui regardait l'escarpolette. Un monsieur se balançait, il allait très-haut. « A la bonne heure! disait mon inconnue, voilà quelqu'un qui se balance hardiment, qui va très-haut!... » J'irai plus haut que cela, me dis-je. Et, montant après le monsieur, quand il quitte l'escarpolette, je me lance dans l'espace... mais mon pied glisse, je tombe sur le gazon et je me fais une grosse bosse au front...

— C'est pas mal... vous allez bien... Ah! voilà le pâté... Il me semble que par là-dessus une jolie omelette au rhum ne peut que bien faire... Je vais la demander pour deux... Est-ce votre avis, honorable monsieur Choublanc?

— Une omelette... avec du rhum... comment, encore!...

— C'est une friandise.

— Cela grise, le rhum...

— Nous le corrigerons avec le bordeaux.

— Il me semble que je n'ai plus faim.

— Cela vous redonnera de l'appétit.

— Après tout, ça me servira aussi de souper... Allons, va pour deux l'omelette.

— Allez, garçon, et que l'on n'épargne pas le rhum. A votre santé, cher monsieur Choublanc.

— A la vôtre, monsieur... chose... comment donc?...

— Ernest.

— Monsieur... mon cher Ernest.

M. Choublanc commençait à s'étourdir et à avoir la parole moins nette, quoique son nouvel ami affirmât toujours que le vin de bordeaux ne pouvait jamais griser.

Ces messieurs attaquent les tranches de pâté, et le Champenois reprend son récit :

— La belle Éléonore m'avait remarqué, je l'avais entendue dire : « Voilà un monsieur qui n'a pas de chance. » Je la vis se diriger avec sa société vers un endroit où l'on tirait dans un but avec une arbalète. Il fallait, avec une petite flèche, attraper juste au milieu d'un petit rond noir, et cela faisait partir un coup de pistolet; plusieurs jeunes gens s'étaient essayés, beaucoup avaient été près du but, mais pas un n'y avait touché.

— Pardieu! me dis-je, je vais encore qu'elle me remarque; visons bien, faisons partir la détente, et cette fois on ne dira pas que je manque de chance. Je pris l'arbalète, je visai, je visai même fort longtemps, puis, je lâchai la détente. Je ne sais pas comment cela se fit, mais la petite flèche fila se loger dans la bouche d'un paysan qui regardait en l'air d'un air bête et en tenant sa bouche ouverte, comme cela arrive à beaucoup de gens. Vous comprenez que le paysan fit de hauts cris; il prétendait que je lui avais percé la langue... On fut obligé d'aller chercher le vétérinaire de l'endroit pour retirer la flèche... et, cela me coûta de l'argent. Ce maudit paysan était comme un âne en montrant sa langue à tout le monde... Mais moi j'étais tout fier de ne l'avoir point attrapé dans l'œil... car, ma foi ça l'eût éborgné, et cela m'aurait coûté bien plus cher... Avec tout cela, j'avais atteint mon but... pas celui d'un rond, mais l'autre auquel je tendais... La jolie personne m'avait remarqué... je n'étais plus un inconnu pour elle.

— Je le crois fichtre bien!... vous étiez assez remarquable!...

— Le soir, à la danse, j'allai l'inviter. Elle me refusa en me disant qu'elle était engagée, et ajouta :

« — D'ailleurs, monsieur, je vous avouerai que je craindrais de danser avec vous, car vous n'êtes pas heureux aujourd'hui... et il vous arrivera sans doute encore quelque accident à la danse.

» — Mademoiselle, lui dis-je, j'aurais été heureux en étant votre cavalier... mais pour me dédommager, je tâcherai d'être votre vis-à-vis.

» En effet, j'invitai une villageoise, et je me plaçai en face de la belle Éléonore. On se mit à danser... J'y allais de tout cœur. J'attrapais bien quelquefois les jambes de ma danseuse, mais c'était une paysanne solide, et elle m'en faisait autant, et ça allait au mieux.

» Tout à coup, voilà qu'en allant en avant-deux devant ma nouvelle passion, je voulus, pour lui montrer mon savoir-faire, terminer un pas par une pirouette; probablement que j'avais mal pris mes dimensions, car au lieu de finir ma pirouette à ma place, j'allai la terminer sur la robe de la belle Éléonore, dans laquelle je m'emberlificotai mes pieds si bien, que je m'y accrochai; je tombai, mais je fis aussi tomber cette demoiselle... elle se fit une forte contusion au coude, et moi, moi je me cassai une dent... Voilà, mon cher monsieur Alfred...

— Ernest...

— C'est juste. Voilà, mon cher monsieur Édouard, comment je liai connaissance avec celle qui devait être mon épouse.

— C'était une façon assez originale de vous faire connaître.

— Cette demoiselle se trouvait avoir un père qui avait beau-

coup connut ma famille. Lorsque je me présentai chez lui, j'y fus accueilli on ne peut mieux.
— Par la demoiselle ?
— Non, par le père ; il savait que je possédais six mille francs de rente, que j'étais rangé... borné dans mes goûts, et que je désirais me marier.
— Chut ! un moment... nous n'avons plus de vin... et cela m'altère de vous entendre parler !...

V
UN GENDRE ENTRE DEUX FEUX

Le garçon ayant apporté une nouvelle bouteille de bordeaux, M. Ernest s'en verse ainsi qu'à son vis-à-vis, et M. Choublanc poursuit son récit :

— Il paraît que tout cela convenait parfaitement à ce digne homme de père ; aussi, lorsque je lui avouai la passion que je ressentais pour sa fille, me serra-t-il sur-le-champ la main avec force en me disant :
« — Mon cher Choublanc, vous êtes un brave garçon, c'est une affaire arrangée, je vous accepte pour gendre ; je suis enchanté de vous donner ma fille.
» — Vous me comblez, m'écriai-je, mais mademoiselle votre fille m'acceptera-t-elle aussi pour mari ?
» — Je voudrais bien voir qu'elle vous refusât... quand vous me convenez !... D'ailleurs, ne suis-je pas son père ?... Et puis, pourquoi vous refuserait-elle ?... Vous n'êtes pas un Adonis, mais il y a des hommes plus laids que vous... Vous n'êtes point un génie, mais il y a des hommes plus bêtes que vous... Vous n'êtes ni boiteux, ni bossu... Cela suffit. Je sais bien que ma fille Eléonore est un peu romanesque... Elle a été gâtée par feu sa mère... Elle a lu des romans... Ceux de Jean-Jacques, par exemple, cette *Nouvelle Héloïse*, qui n'est qu'un tissu d'absurdités ; et puis *Werther*, cette autre rêverie germanique bien capable de tourner la

— Je vais vous brûler la cervelle. — Page 10.

tête à une jeune fille qui se figure voir un *Werther* dans le premier joli garçon qui porte des cheveux longs et une cravate à la Colin. Mais moi, monsieur, je ne donne pas dans ces sottises-là. Venez avec moi, je vais sur-le-champ vous présenter à Eléonore comme son futur époux.
» Je me laissai conduire par le papa. En m'apercevant, mademoiselle Eléonore commença par me rire au nez. Je me dis : Voilà qui est parfait, je la fais rire, c'est bon signe. J'ai entendu dire quelque part : Quand on rit, on est désarmé... Cette demoiselle est donc désarmée.
» Mais lorsque son père lui eut dit :
» — Je vous présente monsieur Babilas Choublanc, qui vous aime, qui m'a demandé votre main et auquel je l'ai promise, parce que c'est un fort honnête garçon qui a six mille francs de rente et qui vous rendra très-heureuse...
» Oh ! alors, la belle Eléonore cessa de rire, elle me regarda d'un air courroucé et s'écria :
» — N'est-ce pas monsieur qui s'est déchiré sur le mât de cocagne, qui a dégringolé de l'escapolette, qui a envoyé une flèche au milieu du visage d'un paysan et qui m'a fait tomber à la danse après avoir accroché et mis ma robe en loques ?...
» — Oui mademoiselle, c'est moi qui ait eu cet honneur, répondis-je en laissant échapper un soupir de mon sein, et je vois avec joie que vous n'avez rien oublié de ce que j'ai fait...
» — Et vous vous nommez Choublanc, monsieur ?
» — Oui, mademoiselle, Paterne-Pabilas Choublanc, né à Troyes... patrie des andouillettes, et cætera.
» — Eh bien ! monsieur, je vous préviens que vous ne serez jamais mon mari, parce que je ne veux pas m'appeler madame Choublanc... Ah ! fi ! quelle horreur ! Quand je serais à la promenade, s'entendre dire : Tenez, voilà madame Choublanc qui passe... Mais ce serait pour en mourir...
» — Mademoiselle, répondis-je, on m'appelle fort souvent par mon nom... je n'en suis pas mort une seule fois... Que voyez-vous de si malsain dans ce nom-là ?...
» — Ce que j'y vois ?... Mais vous ne pourriez pas me comprendre, monsieur ; nous ne devons pas avoir la même manière de penser, il y aurait entre nous incompatibilité d'humeur, de pensée, et c'est pour cela que je ne veux pas vous épouser.
» J'étais resté tout étourdi, tout abruti, mais le papa s'écria :
» — Ma fille, faites-nous grâce de toutes vos balivernes ; je vous ai dit que monsieur serait votre époux, c'est ma volonté, il faut vous y conformer... Vous tournez en ridicule le nom de Choublanc !... Quelle puérilité ! Vous qui lisez tant, mademoi-

selle, vous devriez savoir que les hommes font leur nom, et que le plus barbare, le plus dur à prononcer, devient doux à l'oreille quand il est celui d'un homme de génie!

» — Mais monsieur n'est point un homme de génie, il ne le deviendra jamais!

» — On ne sait pas, mademoiselle, on a vu des choses si extraordinaires depuis quelque temps.

» — D'ailleurs, les hommes de génie eux-mêmes changent de nom quand celui qu'ils portent ne leur semble pas assez euphonique... Vous savez bien que *Molière* et *Voltaire* n'ont pas voulu s'appeler *Poquelin* et *Arouet*... Croyez-vous qu'ils auraient voulu se nommer Choublanc?

» — En voilà assez, mademoiselle, vous épouserez monsieur.

» Mademoiselle Éléonore poussa un cri déchirant et répondit:

» — O mon père, vous ne voudriez pas faire le malheur de votre unique enfant... et je serais bien malheureuse si je devenais la femme de monsieur!

» — Monsieur sera au contraire un excellent mari, il suffit de le regarder pour en être persuadé. Toute autre à votre place serait enchantée de l'épouser; il vous rendra fort heureuse.

» — Je vous répète, mon père, qu'il ne me plaît pas du tout.

» — Ce n'est pas une raison, mademoiselle. Quand on se marie à un homme dont on n'est point amoureuse, c'est un mariage de raison, et les choses n'en vont que mieux... D'ailleurs, monsieur vous aime beaucoup... Ce sera donc aussi un mariage d'amour... Que voulez-vous de plus?

» — Je ne veux pas de monsieur.

» — Vous le prendrez, cependant.

» — Oh non!

» — Oh si!

» — Jamais!

» — Dans quinze jours.

» — Plutôt mourir!

» — Vous n'en mourrez pas.

» Cela dura comme ça assez longtemps entre le père et la fille. Moi, j'attendais en silence qu'ils fussent d'accord, n'osant souffler un mot et regardant les mouches voler.

» Mademoiselle Éléonore termina l'entretien en rentrant dans

Le Champenois se décide alors à prendre son chapeau lui-même. — Page 13.

sa chambre fort en colère, fermant la porte de manière à faire trembler la maison.

» J'étais désespéré, mais le papa me frappa sur l'épaule en me disant :

» — Vous voyez que c'est arrangé.

» — Comment arrangé! m'écriai-je, c'est sans doute dérangé que vous voulez dire, puisque mademoiselle votre fille me refuse?...

» — Allons donc!... Est-ce que vous faites attention à tous ces discours que ces demoiselles se croient obligées de tenir quand on leur présente un mari qui n'a pas chanté des romances sous leur fenêtre... qui n'est point resté pendant huit ou dix heures de suite exposé à la pluie ou au soleil pour les regarder de loin en posant la main sur son cœur? Tout cela ne signifie rien, mon cher ami; Éléonore sera votre femme, et au bout de quelque temps elle en sera bien aise... Je ne dis pas tout de suite, mais cela viendra. Ainsi, faites vos préparatifs, ayez tous les papiers qui vous sont nécessaires. Dans quinze jours vous serez mon gendre...

» — Ma foi, monsieur, je ne demande pas mieux, moi; et si vous pensez que mademoiselle Éléonore consentira...

» — Puisque je vous dis que c'est arrangé. Ah! à propos... vous savez que je n'ai pas d'autre enfant qu'Éléonore?...

» — Oui, monsieur... vous me l'avez dit.

» — Eh bien, mon cher ami, comme j'aime beaucoup ma fille... qui est remplie de qualités, sans que cela paraisse, mais vous l'apprendrez plus tard...

» — Je n'en doute pas, monsieur...

» — C'est pourquoi je compte lui donner tout ce que j'ai...

» — Ah! monsieur... pourquoi donc tout?... C'est trop...

» — Mon ami, c'est une chose arrêtée, décidée...

» — Je ne veux pas que vous vous priviez...

» — Je vous répète que ma fille aura tout ce que je possède... après ma mort. Pour le moment je ne lui donne pas de dot... c'est inutile; vous avez six mille francs de rente, c'est bien assez pour vivre heureux à vous deux.... mais après ma mort, j'ai trois mille deux cents francs de revenu, Éléonore aura tout; vous comprenez?

» J'avais compris la chose autrement. Cependant, comme je n'ai jamais beaucoup tenu à l'argent et que j'étais extrêmement amoureux, je ne fis aucune difficulté d'en passer par tout ce que ce digne père voulait. Je lui répondis :

» — Monsieur, tout ce que vous ferez sera bien fait.

» Alors il me pressa dans ses bras en s'écriant :

» — Quand je disais que vous feriez le meilleur des époux!

» Il voulait peut-être dire des gendres, mais il dit des époux, puis il ajouta :

» — Dès ce moment, vous avez le droit de venir faire votre cour à ma fille tant que cela vous fera plaisir ; ma maison vous est ouverte... pas à l'heure du dîner, mais entre les repas.

» Je profitai de la permission. Mais si la maison du papa m'était ouverte, la porte de chez sa fille ne me l'était pas.

» Quand je demandais à la bonne la permission d'aller présenter mes hommages à sa maîtresse, on me répondait toujours :

» — Mademoiselle n'est pas visible ! ou : Elle a la migraine ! ou bien : Elle est à sa toilette.

» Enfin, je n'étais pas reçu.

» Cependant, le terme fixé pour notre mariage approchait, les bans étaient publiés, trois jours encore me restaient à être garçon, lorsque mademoiselle Eléonore, chez laquelle je me présentais comme à l'ordinaire, consentit à me recevoir. Cela me sembla de bon augure.

» Ma future me salua d'un air très-grave, me présenta un siège et me dit :

» — Monsieur, vous persistez donc à vouloir m'épouser ?

» — Mais, mademoiselle, répondis-je, puisque monsieur votre père m'a dit que c'était une chose arrangée...

» — Arrangée !... entre lui et vous... c'est vrai... mais moi, il paraît que l'on ne compte pour rien dans tout cela. C'est pourquoi j'ai voulu vous voir, monsieur ; car, puisque vous persistez à vouloir être mon mari, malgré tout ce que je vous ai dit, je dois vous faire un aveu qui changera peut-être votre résolution. Non-seulement je ne vous aime pas, monsieur, mais encore j'en aime un autre ! Il a mon cœur et j'ai sa foi.

» Cette déclaration me fut infiniment désagréable ; Eléonore s'en aperçut et continua :

» — Oui, monsieur, j'en aime un autre, et cet autre je l'aimerai toute ma vie !... Il a reçu mes serments et j'ai reçu les siens... C'est l'homme de mes rêves, c'est l'être que la destinée avait créé pour moi... c'est celui vers lequel la sympathie m'entraîne, enfin, c'est le seul homme que je puisse aimer, et avec lequel je veuille naviguer sur le fleuve de la vie.

» — S'il en est ainsi, répondis-je tout penaud de ce que je venais d'apprendre, pourquoi donc ce jeune homme ne vous épouse-t-il pas, mademoiselle ?

» — Ah ! il le voudrait bien, lui ! s'écria Eléonore ; mais mon père est un barbare qui ne croit pas à la prédestination, et malheureusement celui que j'aime ne possède point encore de ce vil métal auquel on me sacrifie. Un jour, par ses talents, je suis bien certaine qu'il acquerra la fortune avec la gloire. Mais, pour le moment, il n'a que sa jolie figure, et on trouve que ce n'est point assez. Maintenant, monsieur, vous savez ce que vous voulez faire... Je vous ai parlé avec confiance... Si je deviens votre femme, je connais mes devoirs... je n'y faillirai point... car je suis aussi vertueuse que sensible... mais je ne vous aimerai jamais... je penserai toujours à un autre, et nous serons tous les deux fort malheureux.

» Je réfléchis un moment, puis je répondis à Eléonore :

» — Ma foi, mademoiselle, vous avez, tout bien calculé, que je ferai mieux de ne pas vous épouser et je vais aller me dégager près de monsieur votre père.

» Elle poussa un cri de joie, m'ouvrit les bras, me tendit la joue... se recula quand j'allais pour l'embrasser, puis se sauva en me disant :

» — Vous êtes un *Aristide* ! un *Jean Sbogar* ! un *Pyrrhus* !... Allez vite, ne perdez pas de temps... Je vous broderai des bretelles comme souvenir de ma reconnaissance, et je vous donnerai un pot de gelée de coing !

» Je vais donc trouver le père d'Eléonore. Je lui raconte à peu près ce que m'avait dit sa fille et je termine par :

» — Vous voyez bien que je ne puis pas l'épouser, ne songeons donc plus à cet hymen, c'est une affaire ratée.

» Ce père auquel j'avais affaire était un homme sec, tout nerveux, et dont les yeux brillaient comme ceux d'un chat en colère.

» Il se plaça devant moi, et me dit d'une voix nette et d'une parole accentuée :

» — Monsieur Choublanc, ce n'est pas comme cela que ça se joue. Vous m'avez demandé ma fille en mariage, je vous l'ai accordée, vos bans sont publiés, le jour est pris ; tout le monde dans la ville sait que dans trois jours vous serez l'époux d'Eléonore. Et aujourd'hui, sur je ne sais quel propos de jeune fille... sur des histoires de roman... des amourettes qui n'ont pas le sens commun, vous venez me dire que vous ne voulez plus épouser ma fille ! Vous ne comprenez donc pas que cet éclat, que cette rupture causeraient un affreux scandale ici, que mon enfant serait déshonorée, et que ce serait un soufflet que je recevrais, moi !... Or, comme je n'ai jamais reçu de soufflet, comme je ne veux pas en recevoir, je vais vous dire ce qui va arriver, si vous persistez à refuser d'épouser ma fille ! Je vais vous brûler la cervelle... j'ai là d'excellents pistolets... oh ! cela se passera légalement ! nous nous battrons en duel, seulement c'est moi qui tirerai le premier, parce que je suis l'offensé, et je vous préviens que je n'ai jamais manqué mon homme ; d'ailleurs, nous nous battrons à trois pas de distance. Maintenant, voyez, monsieur Choublanc, ce que vous voulez faire.

» Mon parti fut bientôt pris ; je répondis à ce père inflexible :

» — Monsieur, puisqu'il en est ainsi, je suis décidé, j'épouserai mademoiselle votre fille.

» Il me secoua la main avec force, en me disant :

» — C'est bien, vous êtes gentil ; qu'il ne soit plus question de tout cela. Dans trois jours vous épouserez Eléonore.

» Et en effet, le jour dit je conduisis sa fille à la mairie.

» Seulement, lorsqu'elle vit que je n'avais pas renoncé à l'épouser, elle me dit à l'oreille :

» — Je vous ai appelé *Aristide*... je me suis trompée. Vous êtes un traître, un *Barbe-Bleue* ! un *Rodin* ! Mais, je vous en préviens, je n'aimerai jamais qu'Arthur !... »

» — Ah ! le jeune homme, le joli garçon qu'on adorait se nommait Arthur ?

» — Il paraît que oui ; moi, je ne lui avais jamais demandé le nom de ce monsieur, je ne tenais pas à le savoir. Et voilà comment se fit mon mariage. Mais au bout d'une année...

» — Permettez ! voici l'omelette au rhum qu'on nous sert... il faut manger cela chaud, tout flambant, sans quoi, cela perd son goût. Suspendez pour un moment, mon cher monsieur Choublanc, le récit de vos aventures conjugales. Garçon ! vous nous servirez pour dessert du fromage de Roquefort, du vieux...

» — Comment ! encore du fromage ?

» — C'est le complément du repas... un dîner sans fromage, c'est un beau livre qui n'est pas relié... Laissez-moi donc vous diriger... Et puis quelques biscuits, garçon, cela tient lieu de cure-dents !

» — Allons ! se dit Choublanc ébloui par la flamme bleuâtre du rhum, décidément je ne souperai pas !... Mon ami Ernest est de ces gens qui vous mènent loin... Mais, il paraît prendre un grand intérêt à tout ce que je lui dis, et je crois que je suis très-heureux de l'avoir rencontré pour me diriger dans Paris. J'espère qu'il m'aidera à y trouver ma femme. »

VI

RÉFLEXIONS PHILOSOPHIQUES

M. Choublanc se brûle en voulant manger de l'omelette flamboyante aussi vite que son compagnon, qui semble avoir un palais à l'épreuve du feu, et fait disparaître ce qu'il a sur son assiette avant que son vis-à-vis ait pu avaler son premier morceau. De cette façon, M. Ernest trouve moyen de manger les trois quarts de l'omelette à lui seul.

Cette opération terminée, il dit au Champenois en lui versant à boire :

— Eh bien ! mon cher ami, je vous ai laissé dans la lune de miel avec votre Eléonore, j'attends avec la plus vive impatience la suite de cette intéressante histoire...

— Ah ! mon cher Eugène...

— Ernest.

— Oui, ça ne fait rien, mon cher Adolphe... Elle fut bien triste... cette soi-disant lune de miel... Mon épouse était une statue, monsieur !... une véritable statue !... J'avais épousé le festin de Pierre !... Ne voulant jamais sortir avec moi... n'ouvrant la bouche que pour me dire des choses désagréables... Et quand je cherchais à lui marquer mon amour par de petits soins, des prévenances... quand je m'avançais pour l'embrasser, se sauvant de moi en s'écriant :

« — Oh ! Arthur ! où es-tu ? » Je ne sais pas où était Arthur, mais je commençai à m'apercevoir que j'avais eu tort d'épouser une demoiselle qui avait en horreur le nom de Choublanc. Enfin, au bout d'une année, mon beau-père mourut, et ma femme, qui était fille unique, se trouva posséder trois mille deux cents francs de revenu.

— Ce qui la rendit sans doute plus aimable dans son ménage ?

— Au contraire, monsieur, une fois en possession de son héritage, Eléonore vint me trouver, et voici ce qu'elle ma dit :

« — Monsieur, tant que mon père a vécu, j'ai dû paraître me soumettre au sort qu'il m'avait fait, mais aujourd'hui qu'il ne l'est plus, je ne vois pas pourquoi je continuerais à mener une existence qui m'est insupportable. Je vous ai épousé malgré moi, vous le savez, je ne vous l'ai pas caché...

M. CHOUBLANC

» — C'est très-vrai ! répondis-je, vous y avez mis de la franchise.

» — Eh bien ! monsieur, depuis un an que nous sommes mariés, vous devez voir que mes sentiments pour vous sont toujours les mêmes... que je ne vous aime pas plus que le premier jour... que votre présence m'est aussi insupportable...

» — C'est encore vrai, madame ; je dois convenir que vous me parlez sans cesse comme à un chien... et encore il y a des chiens qu'on traite beaucoup mieux...

» — Alors, monsieur, ne trouvez-vous pas qu'il vaut cent fois mieux se séparer que de rester avec des personnes que l'on ne peut souffrir ?... Quant à moi, monsieur, je suis bien résolue à vous quitter, lors même que vous ne le voudriez pas...

» — Il me semble alors, dis-je, que je ferai aussi bien de le vouloir...

» — Oui, monsieur, ce sera le plus sage. Je ne vous demande rien ; j'ai ma fortune, vous avez la vôtre, chacun de notre côté nous pouvons vivre sans le secours de personne... C'est donc une chose arrangée, et dès demain je quitterai cette ville et j'irai m'établir ailleurs...

» — Comment... si vite que cela ? m'écriai-je.

» — Le plus tôt sera le mieux, monsieur.

» — Je pense cependant que votre intention n'est pas de vous marier à un autre ?

» Eléonore haussa les épaules en me répondant :

» — Pour qui me prenez-vous, monsieur ? Je vous ai dit que je connaissais mes devoirs... que j'étais aussi vertueuse que sensible. Ah ! par exemple, si vous veniez à mourir... si une heureuse destinée me rendait veuve,... Oh ! alors !... mais je ne ferai rien pour hâter ce moment !...

» — C'est encore bien joli de votre part, madame.

» — Adieu, monsieur.

» Eléonore s'en allait déjà, je courus après elle en lui disant d'une voix attendrie :

» — Enfin, madame, si cependant le temps changeait vos sentiments à mon égard... si je cessais de vous déplaire...

» — Oh ! ce n'est pas possible, monsieur.

» — Ne me permettez-vous pas au moins d'aller quelquefois vous voir pour m'informer de votre santé ?

» — Je n'en vois pas trop la nécessité, monsieur ; pourtant, si vous y tenez absolument, je vous ferai savoir mon adresse et vous pourrez... de loin en loin, me faire une visite... en vous souvenant qu'il ne faudra jamais considérer ma maison comme une auberge !...

» — Je ne l'oublierai pas, madame.

— Et voilà, mon cher... machin...

— Ernest.

— Mon cher ami, comment je me séparai de ma femme...

— Il y a longtemps de cela ?

— Dix-neuf ans.

— Et votre femme en avait... ?

— Elle avait vingt-trois ans à peu près.

— Alors c'est maintenant une femme... mûre ?

— Mais toujours belle, monsieur, oh ! toujours superbe femme...

— Est-ce que vous en êtes encore amoureux, par hasard ?

— Hélas ! ça ne m'est jamais passé !... J'ai fait tout mon possible pour me distraire de cet amour. J'ai essayé de jouer, de boire... J'ai perdu jusqu'à douze francs au billard... J'ai bu du champagne frappé... jusqu'à une demi-bouteille à moi seul...

— Nous en boirons une entière tout à l'heure...

— Rien n'y a fait, mon bon ami. L'image d'Eléonore est toujours là... au fond de mon cœur... et comme j'ai vu que j'essayerais en vain de l'en arracher, j'ai pris le parti de l'y laisser tranquille... C'est égal... être marié... être amoureux de sa femme... et ne pas vivre avec elle... c'est triste cela...

— Si vous viviez avec elle, il est bien probable que vous n'en seriez plus amoureux.

— Vous croyez cela ! vous vous figurez que le bonheur m'aurait rendu inconstant ! Vous ne pensez pas qu'un mari qui se trouve heureux avec sa femme puisse se contenter d'aimer cette femme ? Vous trouvez sans doute qu'un tel homme serait un imbécile... Eh bien ! mon cher monsieur, je crois, moi, que vous avez tort ; je crois que les imbéciles sont ceux qui ne se contentent pas du bien qu'ils possèdent, et courent en chercher d'autre ailleurs... Moi, je n'aurais jamais eu ma femme, au risque de passer pour ridicule ; mais j'ai remarqué que les gens qui se moquent de nous voudraient souvent être à notre place.

— Tiens, tiens, mais le vin développe vos idées ! vous n'êtes pas si bête que... Je veux dire, vous avez plus d'esprit qu'on ne croirait au premier abord.

— J'ai du bon sens, voilà tout.

— Ce n'est jamais avec cela qu'on séduit les femmes... Et votre épouse habite Paris ?...

— Depuis deux années seulement. Eléonore est volage dans ses domiciles. En se séparant de moi, qui demeurais à Troyes, elle alla d'abord se loger à Bar-sur-Seine... elle y resta six ans à peu près ; mais comme ce n'était pas loin de Troyes, et que j'allais lui rendre visite presque tous les mois, ce qui paraissait l'ennuyer beaucoup, elle quitta Bar pour aller habiter en Normandie. Là, je n'allai la voir que tous les six mois. Elle resta à peu près six ans en Normandie, puis elle délogea un beau jour... et s'en alla habiter une maison de campagne fort isolée dans les environs de Beaugency, et située dans un défilé de longueur... Ah ! quel défilé de longueur !... J'y serais mort de langueur, moi. Il n'y avait pas de voiture pour arriver chez elle... les chemins étaient semés d'ornières et de fossés... Je n'allais plus la voir qu'une fois par an, et encore, chaque fois, je tombais en route avec mon âne dans le maudit chemin de traverse, qui était rempli de trous, de fondrières !... Ah ! quel chemin !...

— Vous allez à âne voir votre femme ?

— C'est assez ma manière de voyager.

— Et votre épouse vous reçoit-elle d'une façon aimable, au moins ?...

— Toujours de la même manière, mon bon Edouard, toujours avec une mine revêche, un ton sec, un air maussade... et ne m'offrant pas seulement un verre d'eau pour me rafraîchir...

— Pardieu ! il faut que vous y mettiez de l'entêtement pour continuer à aller la voir...

— Que voulez-vous... je ne puis pas y tenir... Enfin, il y a deux ans à peu près, elle s'est lassée à ce qu'il paraît d'habiter la campagne isolée, son défilé de longueur et son chemin de traverse, et elle est venue se loger à Paris.

— Ah ! elle est à Paris...

— Oui, mais cette fois je ne sais si c'est un oubli ou un fait exprès, ce qu'il y a de certain, c'est qu'elle ne laissa pas son adresse...

— Il est bien possible qu'elle l'ait fait exprès.

— Vous croyez ?... Elle m'avait si bien reçu la dernière fois que je suis allé chez elle, que je m'étais promis de ne point y retourner de longtemps. Mais voilà deux ans que je ne l'ai vue, monsieur... deux ans... et je vous avoue que je ne puis pas vivre davantage sans aller voir mon Eléonore... Quand je dis mon... je me flatte ; je pourrais bien me contenter de dire : Eléonore ; car, bien qu'elle soit ma femme, elle n'est pas du tout à moi...

— Ce pauvre Choublanc... il me fait de la peine !... Vous avez donc découvert son adresse à Paris ?

— Ce n'est pas moi ; mais Pierrotin, que j'avais supplié de s'informer de ma femme, m'a écrit, il y a quelque temps : « Ta moitié... dont tu ne possèdes pas même le quart, » Pierrotin écrit toujours en plaisantant ; « à moitié perche sur le boulevard Beaumarchais, près de la Bastille. » Je présume alors qu'elle demeure dans les environs de l'éléphant.

— Comment, l'éléphant ?... Il n'y en a plus.

— Ah ! quel dommage !... c'était si gracieux. C'est égal... je trouverai Eléonore.

— Et votre femme, a-t-elle revu son Arthur ?... C'est bien probable ; elle ne vous aura pas demandé la permission pour cela.

— Oh ! vous vous trompez... Eléonore est vertueuse... Je n'ai jamais rencontré chez elle le moindre vestige d'un galant...

— Belle malice !... vous y allez une fois par hasard... Quand vous venez, on fait cacher ce cher monsieur... et voilà pourquoi on vous reçoit de façon à ce que vos visites ne soient pas longues.

— Ne me dites pas de ces choses-là, Adolphe, je vous en prie ; vous me déchirez le cœur... vous me rendez malheureux comme plusieurs pierres !...

Et le pauvre mari lève les yeux au ciel d'un air désolé ; mais son compagnon s'empresse d'emplir son verre en lui disant :

— Eh bien !... qu'est-ce que c'est ?... des enfantillages... du désespoir... Après vingt ans de mariage, s'occuper encore de ces choses-là !... et être séparé de sa femme depuis dix-neuf ans !... En vérité, mon bon Choublanc, c'est à ne pas le croire... vous êtes à mettre sous cloche... Mais je veux vous guérir... je veux, moi, vous faire oublier entièrement une chipie qui n'a pas su vous apprécier.

— Impossible, mon ami.

— Il n'y a rien d'impossible à l'homme, a dit un grand héros et M. Scribe, qui se sont cependant trompés en avançant cela ; car j'ai essayé plusieurs fois de casser un noyau de pêche avec mes dents, et je n'ai jamais pu en venir à bout. Mais le cœur de l'homme est moins difficile à fendre qu'un noyau de pêche ! Je vous répète que je veux vous faire oublier votre femme.

— Si vous pouviez m'en faire aimer, ce serait bien plus beau.

— On a dit cent fois que l'amour ne se commandait pas, ce qui est une vérité bien plus vraie que de prétendre qu'il n'y a rien d'impossible. Et, pour commencer votre guérison, nous allons demander une bouteille de champagne.

— Une bouteille de champagne ! grand Dieu ! et pourquoi faire ?...

— La question est curieuse ! Mais pour la boire, probablement !...
— Vous voulez me faire boire du champagne à présent ?... Mais alors je ne pourrai plus ni marcher ni me tenir ! Je vous assure que je suis déjà très-étourdi, bien que vous prétendiez que le bordeaux rafraîchit.
— Le champagne détruit l'effet du bordeaux, il dégrise... Laissez-vous donc guider par un gaillard qui entend l'existence... A votre place, moi, je me donnerais une véritable culotte, puis alors je me présenterais chez ma femme, non pas timidement, mais la tête haute, le poing sur la hanche, et je lui dirais :
« — Madame, je viens m'établir chez vous pour six mois, embrassez-moi bien vite, et ôtez-moi mes chaussettes !... »
— Ah ! sapristi ! c'est pour le coup qu'elle me ficherait à la porte !...
— Elle n'en a pas le droit !...
— D'ailleurs, il faudrait sortir de mon caractère... et cela me rendrait malade !...
— Soyez donc homme une fois dans votre vie !
— Ça m'est impossible !...
— Chut, voilà le roquefort. Garçon, donnez-nous du champagne !
— Duquel, monsieur ?...
— Du sillery, c'est mon favori.
— Décidément, murmura Choublanc, je ne dînerai pas de plusieurs jours.

Le champagne est apporté. M. Ernest emplit les coupes et vide la sienne avant que son amphitryon ait eu le temps de porter la mousse à ses lèvres.

En ce moment un enterrement passe dans la rue. M. Choublanc, apercevant le corbillard, s'écrie :
— Qui donc est mort ?...
— Comment ! qui est mort ? répond son compagnon, pourquoi diable me demandez-vous cela ?... Nous faisons un excellent déjeuner... et vous venez me parler de mort !
— Parce que voilà un corbillard qui passe dans la rue.
— Ah !... vous croyez bonnement que je sais quelle est la personne qui est dedans ?... Mon bon ami, vous êtes bien de votre province !... Dans une ville immense comme Paris, quand un corbillard bien simple, sans franges, sans larmes d'argent, sans voitures à la suite, passe dans la rue, on n'y fait guère plus d'attention que si c'était un fiacre. Les passants qui ont encore conservé du respect pour les morts portent la main à leur chapeau, puis continuent leur route en causant de leurs affaires et sans s'inquiéter de celui qui s'en va dans la lugubre voiture. Dans une grande ville, où tout passe si vite, la douleur, les regrets, les amitiés et les souvenirs ; où le tourbillon d'une vie bruyante, agitée, occupée, intéressée, ne permet pas aux sentiments tendres, intimes, religieux, de détendre notre esprit et de calmer notre cœur, la mort d'un individu est seulement considérée comme un fait nécessaire, pour qu'à la fin de l'année le chiffre des décès balance à peu près celui des naissances. Sans quoi la population augmenterait trop.

> La mort a des rigueurs à nulle autre pareilles,
> On a beau la prier,
> La cruelle qu'elle est se bouche les oreilles,
> Et nous laisse crier !
> Le pauvre, en sa cabane où le chaume le couvre,
> Est sujet à ses lois,
> Et la garde qui veille aux barrières du Louvre
> N'en défend pas nos rois !

Ces vers sont la consolation du pauvre, l'effroi des grands, le désespoir des riches, et l'*ultima ratio* du philosophe...
— Tiens... tiens !... vous savez le latin, mon ami... chose ?...
— Oui... cela vous surprend, à cause de ma toilette négligée... Mais on peut savoir bien des choses et n'avoir pas le sou.
— Dans tout cela vous ne savez pas le nom de celui qui vient de mourir ?
— Mon cher Choublanc, dans une petite ville, s'il passait un enterrement, on se demanderait quel est le mort, et on le saurait ; dans un bourg, chacun vous dirait quelle est la maladie qui l'a emporté ; dans un village, tout le monde le connaîtrait, et beaucoup d'habitants l'escorteraient jusqu'à sa dernière demeure ; mais dans une grande ville on ne fait pas seulement attention à celui qui va en voiture pour la dernière fois !...
— Ne trouvez-vous pas qu'il est plus doux de mourir dans un village ?...

VII

COMMENT ON PEUT SE LOGER A PARIS

M. Choublanc avait le vin triste ; encore quelques verres de champagne et il se mettrait à pleurer. Son compagnon, qui s'en aperçoit, a soin d'ingurgiter presque à lui seul toute la bouteille. Puis il fait apporter du café et des liqueurs. Il avale des petits verres aussi facilement que les verres de vin et sans paraître aucunement étourdi. M. Choublanc, au contraire, a la bouche pâteuse, les yeux rapetissés, et il éprouve de la peine à trouver ses phrases.

— Avec tout cela, balbutie le Champenois en faisant du gloria, je ne sais pas où je coucherai ce soir, moi !
— Vous n'êtes donc pas descendu à un hôtel ?
— Nullement, je suis descendu à la barrière, j'ai quitté la carriole dans laquelle j'étais monté... et en avant !
— Et vos bagages ?
— Je n'ai rien apporté avec moi ; dès que je saurai où je loge, j'écrirai un mot à Troyes, et on m'enverra ce que je voudrai par le chemin de fer.
— Mais vous avez de l'argent au moins ?
— Oh ! pour ce qui est de cela !... j'ai même de l'or... Ma bourse est bien garnie... j'ai mis cinq cents francs en beaux napoléons...
— Cinq cents francs !... Par la sambleu ! mon maître, vous avez cette somme dans votre poche et vous demandez où vous coucherez !... vous n'aurez que le choix... depuis l'hôtel du Louvre jusqu'aux garnis de la rue Sainte-Marguerite !... Il ne manque pas d'hôtels dans Paris... et ce qui est surtout commode, c'est qu'il y en a pour toutes les bourses : pour le millionnaire, pour le négociant, pour le petit rentier, pour l'ouvrier, et enfin pour le touriste dégommé dans mon genre, qui souvent n'a plus que deux sous en sa possession.
— Oh !... alors... s'il en est ainsi... vous comprenez que je ne connais rien ici, moi... Quand je suis venu à Paris, il y a dix-huit ans à peu près, je n'ai pas eu à m'occuper de tout cela ; je logeais chez un ami, qui me promenait ensuite dans la ville pour me faire voir ce qui est le plus beau... En roulant en voiture tout à l'heure, je n'ai reconnu qu'une chose, le boulevard !... Ah ! c'est magnifique... Vous dites donc que vous allez me loger au Louvre... Vous m'étonnez : je croyais qu'il fallait être attaché à la cour pour être reçu dans ce palais.
— Je ne vous ai pas parlé du Louvre ! je vous ai dit : hôtel du Louvre, et c'est bien différent.
— Qu'est-ce que c'est que l'hôtel du Louvre ?
— Un nouvel établissement magnifique, grandiose, immense, où les voyageurs sont logés comme des seigneurs, traités comme des princes, servis comme des pachas !... à la condition qu'ils payeront comme des nababs !
— Je ne tiens pas à être traité comme un pacha !... cela me sortirait de mes habitudes. Qu'est-ce qu'un garni de la rue Sainte-Marguerite ?
— Oh ! mon cher monsieur, ne passons pas tout de suite d'un pôle à l'autre ! de l'infiniment grand à l'infiniment petit ! La rue Sainte-Marguerite est située dans le faubourg Saint-Antoine... elle ne ressemble en rien à la rue de la Paix, elle est habitée par des gens qui n'affichent aucun luxe ; enfin c'est une fourmille de misérables hôtels qui ont la hardiesse de se dire *garnis*, quoiqu'ils le soient ordinairement fort peu. Mais là, vous avez une chambre pour un prix très-modeste... Quand vous en demandez une pour vous seul, on vous regarde comme un milord !
— Comment, on loge quelquefois en compagnie ?
— C'est l'usage, une seule pièce sert souvent à beaucoup de personnes ; ou, au lieu d'être en garni, si vous le voulez, vous logez à la corde.
— A la corde !... Grand Dieu !... qu'est-ce que c'est que cela ?
— C'est une grande chambre entièrement vide de meubles, mais dans laquelle de grandes cordes sont étendues et attachées à la muraille à la hauteur d'un ou deux pieds. Ces cordes forment des séparations, on vous donne pour vous une de ces séparations qu'il vous est défendu de dépasser, sous peine de recevoir des coups de pieds et des coups de poings de vos voisins. Et voilà ce qu'on appelle loger à la corde.
— Je tombe de mon haut !... Comme on est ignorant lorsqu'on habite la province ! Je n'aurais jamais soupçonné que dans une ville si belle, si brillante... il pût y avoir de si vilains établissements.
— Mon cher monsieur, dans les villes les plus brillantes, les plus populeuses, il y a des gens qui ne savent quelquefois pas comment ils dîneront, et d'autres qui n'ont plus qu'un sou dans leur poche pour payer leur coucher... Or, avec un sou, on n'est pas reçu dans une chambre où il y a des lits, mais on peut aller loger à la corde.
— Ça ne coûte qu'un sou ?
— Pas davantage.
— E ! sur quoi couche-t-on ?
— Sur le carreau, ou moelleusement sur de la paille, quand on peut, pour un sou de plus, se donner cette volupté.
— Tout ce que vous me dites me surprend de plus en plus.

— Mon bon ami Choublanc, il n'y a pas besoin d'être de la province pour ignorer toutes ces choses ! Nous avons des personnes qui habitent Paris depuis trente ans, d'autres qui y sont nées, et qui ne connaissent rien de tout cela, pour lesquelles une partie de cette ville est encore un mystère. Bien des habitants de la rue d'Antin ou du boulevard des Italiens n'ont jamais mis le pied dans le faubourg Saint-Marceau, et ne savent pas où est située la rue Mouffetard... Il y a des femmes de boutiquiers qui passent toute leur vie à leur comptoir et qui meurent sans être sorties de leur faubourg Saint-Denis... Vous voyez bien que vous êtes fort excusable de ne point savoir qu'à Paris on peut loger à la corde.

— Vous avez parfaitement raison... Dites-moi donc, Théodore, est-ce que ma vue se brouille ou si c'est déjà la nuit qui vient ? Il me semble qu'on ne voit plus si clair.

— C'est la nuit, pardieu, mais voilà qu'on allume le gaz, et bientôt ce café sera plus étincelant que jamais, car à Paris les cafés sont bien plus brillants à la lumière qu'au jour.

— Je suis fâché d'être resté dans ce café jusqu'à la nuit, je vais avoir beaucoup plus de peine à me diriger dans Paris... Je veux trouver un hôtel couvenable... je ne veux pas demeurer... à la corde... mais je ne veux pas être traité non plus en grand seigneur...

— Soyez tranquille, vous trouverez ce qu'il vous faut ; d'ailleurs, puisque je vous ai dit que je vous piloterais.

— Nous allons partir, mais je crois qu'il faut d'abord que je paye le déjeuner.

— Je le crois aussi, car, franchement, ce n'est pas moi qui le payerai.

— Puisque je vous ai invité, ce n'est pas pour vous faire payer.

— Nous n'aurons aucune difficulté à cet égard. Holà ! garçon, apportez à monsieur l'addition.

— Qu'est-ce que vous demandez encore... quelque chose à boire ?

— Eh non ! je demande l'addition ; maintenant c'est ce qui se dit, au lieu de la carte à payer.

— Sommes-nous en retard en province ! nous demandons encore la carte ! Il était temps que je vinsse à Paris pour me remettre au courant des usages et des modes.

Le garçon apporte la note qui se monte à trente-huit francs cinquante centimes. M. Choublanc regarde plusieurs fois le total, il se frotte les yeux et balbutie :

— Trente... trente-huit francs... ce n'est pas po... possible... il doit y avoir un chiffre mal fait... Nous ne pouvons pas avoir mangé trente-huit francs à nous deux en déjeunant... C'est exorbitant !

— Voyons cela ! dit son vis-à-vis en prenant la carte qu'il examine gravement.

— Non, mon bon, il n'y a point d'erreur, l'addition est juste : trente-huit francs cinquante.

— Comment, c'est juste ? et vous ne trouvez pas que c'est horriblement cher ?

— Mais non. Nous avons déjà trois bouteilles de bordeaux et une de champagne... ensuite, est-ce que vous n'avez pas joliment déjeuné ?

— Joliment tant que vous voudrez, mais dépenser tant que cela pour un seul repas... Je ne m'étonne pas si vous avez mangé des millions, vous... Enfin, puisque ça y est... payons.

M. Choublanc sort du gousset de son gilet une de ces grandes bourses à coulants, dans lesquelles on a des deux côtés pour mettre ses fonds ; celle-ci était bouffie d'or de chaque côté, et, pendant que son propriétaire y fouille pour y prendre deux napoléons, son nouvel ami les considère avec des yeux qui brillent comme des escarboucles, et semblent ne pouvoir s'en détacher.

— Rendez-moi mon reste, garçon, dit Choublanc en donnant ses deux napoléons.

— Du tout ! du tout ! c'est le compte ! s'écrie monsieur Ernest, le reste est pour le garçon... trente sous... ce n'est pas de trop. Apprenez donc, mon cher provincial, les bonnes manières de Paris. Quand on paye un garçon, s'il vous revient de la monnaie, on la lui laisse toujours.

— Ah ! c'est comme ça qu'on paye à Paris ! fichtre ! la vie est coûteuse, alors !...

Le Champenois a remis sa bourse dans son gousset en poussant un gros soupir, puis il dit :

— Avant de chercher un hôtel, je voudrais pourtant bien savoir si Eléonore demeure boulevard Beaumarchais. Je voudrais regarder ses fenêtres avant d'aller me coucher.

— Ah ! vous pensez à votre femme.

— Toujours, hélas ! toujours... puisque je ne suis venu à Paris que pour la voir.

— Eh bien, nous allons aller en nous promenant boulevard Beaumarchais. Vous savez le numéro ?

— Hélas ! non... je l'ignore, au contraire.

— N'importe, nous y demanderons partout madame Choublanc.

— Madame Choublanc !... oh ! par exemple... que dites-vous là ?... ma femme qui a ce nom en haine !... C'est pour ne plus être appelée ainsi qu'elle m'a quitté.

— C'est son nom cependant !

— Je croyais vous avoir dit qu'elle avait repris le nom de son père ; nous demanderons madame Noirville.

— Noirville ?

— Oui, c'était le nom de son petit rageur de père...

— Noirville... Noirville ! Tiens, c'est drôle !

— Vous trouvez ce nom-là drôle ? Eléonore le trouve superbe !

— Non... il n'a rien de drôle... mais il me semble que ce nom ne m'est pas inconnu... oui... oui... Ah ! je me rappelle à présent.

— Est-ce que vous avez connu feu mon beau-père ?

— Peut-être... ah ! ah ! ah ! en voilà une bonne !

— Tiens, vous riez ? Qu'est-ce qui vous fait donc rire ?

— Rien... un souvenir qui me passe par la tête. Pardieu ! il faut avouer que le hasard fait souvent d'étranges choses.

— Pourquoi dites-vous cela ?

— Pour rien : c'est une simple réflexion.

— Allons, partons... je ne serais pas fâché de prendre l'air... mon petit... Ernest... Ah ! ça y est, j'ai bien dit votre nom, cette fois... Voulez-vous me passer mon chapeau qui est accroché au-dessus de votre tête ?... Ohé ! Ernest !

Mais le convive de M. Choublanc avait la tête baissée sur sa poitrine ; il semblait maintenant absorbé dans ses réflexions et ne pas entendre qu'on lui adressait la parole. Le Champenois se décide alors à prendre son chapeau lui-même : il se lève, se penche en avant, parvient, non sans peine, à atteindre son feutre et le place sur sa tête. Presque aussitôt le monsieur au chapeau gris se lève très-vivement et se dirige vers la porte du café, en disant :

— Partons !

— De quel côté ? demande Choublanc à son compagnon lorsqu'il se voit dans la rue.

— Ça ne fait rien... ah ! c'est-à-dire si... il faut prendre à droite.

— Que de monde dans cette rue !... autant qu'en plein jour... et comme c'est bien éclairé !

— Je vous l'avais dit : à Paris, maintenant, il n'y a plus de nuit.

— En vérité ?... voilà encore une chose que j'ignorais... C'est le gaz qui remplace la nuit ?

— Positivement.

— Alors, quand on n'a pas pu dormir de la nuit, on dit donc : Ah ! quel mauvais gaz j'ai passé !

— On a le droit de le dire.

— Ah ! comme j'étais arriéré... O Troyes, ma patrie, toi qui as soutenu un siège si long, si meurtrier, par suite des coquetteries de madame *Ménélas*, comment se fait-il que tu sois si en arrière de Paris ?

— Permettez, monsieur Choublanc, la Troyes où l'on fait de si bonnes andouillettes n'est point celle où régnait le roi *Priam*.

— Vous pensez, mon nouvel ami, que ce n'est pas la même ?

— Je vous en réponds. Votre Troyes fut jadis capitale des *Tricasses*, ancien peuple des Gaules ; les Romains la comprirent dans la Celtique ; elle fut prise et brûlée par les Normands en 889 et, rebâtie peu de temps après, devint la capitale de la Champagne.

— Alors je suis un Tricasse, moi ?

— Vous en descendez du moins ; mais, mon cher monsieur Choublanc, veuillez aller toujours... je suis obligé de m'arrêter... pour la moindre des choses, vous comprenez...

— Parfaitement... Je vais aller doucement, en regardant les boutiques qui sont si magnifiques.

— Allez... oh ! ne craignez rien... je saurai bien vous rattraper ! vous êtes reconnaissable !

Et le monsieur au chapeau gris s'éloigne de Choublanc, qui continue d'avancer tout en flânant.

Le nouveau débarqué s'arrête devant plusieurs boutiques dont l'étalage le frappe d'admiration, puis il fait quelques pas en avant. Au bout d'un certain temps, il s'arrête et regarde derrière lui, pensant voir venir son compagnon ; mais il ne l'aperçoit pas : il attend quelques minutes, mais il est bousculé par des passants qui murmurent après ce monsieur qui est planté au milieu de la voie publique. Ennuyé d'être cogné et poussé, Choublanc se remet en marche en disant :

— Ma foi, tant pis !... allons toujours... il me rejoindra... il est peut-être en avant... il aura passé sans me voir... d'ailleurs il m'a dit qu'il me retrouverait facilement... il connaît son Paris, lui.

Le provincial continue d'avancer, mais il marche lentement,

et à chaque instant se retourne, dans l'espérance de voir arriver sa nouvelle connaissance. Cependant un quart d'heure s'écoule ainsi et M. Ernest ne reparaît pas.

— Diable! diable! se dit Choublanc, est-ce que je l'aurais perdu tout à fait? J'en serais fâché... il était fort aimable, de l'esprit, de l'instruction même, des manières parfois distinguées, parfois canailles... c'est agréable parce que ça change... Il m'a fait dépenser beaucoup d'argent chez ce traiteur-café... mais il connaissait les bonnes choses... et puis il devait me piloter dans Paris... où je ne me reconnais guère,.. d'autant plus que je ne l'ai jamais fréquenté beaucoup... Il aura rencontré quelque connaissance qui l'aura arrêté... il n'est pas possible qu'il m'ait quitté ainsi tout de suite après avoir déjeuné... dîné... et même soupé à mes dépens.,. Si c'est ça qu'il appelle les bonnes manières de Paris, il me semble que nous sommes plus polis en province... il m'a dit qu'il me rattraperait bien... espérons encore!...

M. Choublanc continue d'avancer dans la rue de Rivoli, mais son convive ne le rejoint pas.

— Comme cette rue est longue! se dit le Champenois attristé de se voir seul dans Paris; décidément j'ai perdu M. Ernest... ou c'est lui qui m'a perdu... Où diable trouverai-je un hôtel?... Après tout, je ne suis pas un enfant,.. on parle ici la même langue qu'à Troyes; avec de l'or dans sa poche on ne doit jamais être embarrassé. C'est égal, je ne comprends rien à la conduite de mon ami.,. Tâchons cependant de trouver le boulevard Beaumarchais.

A force d'avancer, le provincial arrive au bout de la rue de Rivoli, et lorsqu'il demande le boulevard Beaumarchais, il est surpris fort agréablement en sachant qu'il en est tout proche, puisqu'il se trouve alors rue Saint-Antoine, près de la place de la Bastille.

Enchanté de ne point s'être égaré, M. Choublanc se dirige d'un pas plus accéléré vers le boulevard qu'il cherchait; il pousse un soupir de joie en contemplant les maisons, mais cela ne lui suffit pas, il veut savoir dans laquelle habite sa femme, à quel étage elle est logée, afin de regarder ses fenêtres; pour cela il faut qu'il interroge des portiers.

— Lors même que je saurais où est sa demeure, se dit Choublanc, il est trop tard pour me présenter chez Éléonore; d'ailleurs, ma toilette n'est point soignée et je suis couvert de poussière; mais quand j'aurai trouvé sa maison, je demanderai quelques renseignements au portier... je mettrai celui-ci dans mes intérêts... et pour cela, je crois que les manières sont les mêmes à Paris qu'en province... ne liardons pas... mettons une pièce de dix francs dans sa main, ce sera pour le concierge de mon épouse; il me mettra au courant des habitudes de ma femme, il me donnera des renseignements sur sa vie intime.

Et pour préparer sa générosité, Choublanc porte la main à son gousset afin d'y prendre sa bourse; mais il la prend en vain... son gousset est vide; il fouille dans l'autre... même absence; il cherche dans les poches de son paletot, de son paletot, la grosse bourse si bien bourrée d'or n'y est pas davantage. Le malheureux Champenois demeure consterné, atterré, stupéfait; il ne peut croire à ce qui lui arrive... et cependant le fait n'est que trop réel, il a perdu sa bourse ou on la lui a volée.

— Sapristi! je joue de malheur aujourd'hui! se dit Choublanc tout abasourdi par cet incident. Ce matin c'est ma tabatière,.. ce soir c'est ma bourse... Voilà un séjour à Paris qui s'annonce mal!... Comment ai-je pu perdre ma bourse!,.. l'aurais-je laissée dans le café où nous avons tant mangé... et trop bu? C'est possible, car j'étais un peu étourdi... Il me semble pourtant que je l'ai remise dans le gousset de mon gilet... Si je ne l'ai pas oubliée au café, on me l'a donc volée... Alors, comme je n'ai été qu'avec mon ami Ernest... C'est donc lui qui... oh! je ne puis croire que cet homme soit un voleur! Lui! qui sait que notre ville de Troyes fut jadis capitale des *Tricasses!*,.. Cependant sa disparition subite, en sortant du café, me donne bien quelques soupçons... Me voilà gentil, moi,.. j'avais tout mon argent dans ma bourse... Ah! il avait bien raison celui qui me disait à Troyes : — Il n'y a rien de bête comme les bourses,.. Ah! je crois que je sens un peu de monnaie dans cette poche de mon pantalon... Voyons... quatre sous... je possède encore quatre sous!... Éloignons-nous de ce boulevard, car ce n'est pas avec cette somme que je me ferai bien venir des portiers et que je parviendrai à trouver ma femme. Quatre sous!... J'arrive ce matin à Paris avec cinq cents francs dans ma poche, et ce soir je n'ai plus que quatre sous!...

Quel séjour ruineux!... il est vrai qu'on n'est pas forcé de se laisser tous les jours voler!... Scélérat d'Ernest!... il n'avait cependant pas une cravate blanche!

VIII

LE DANGER QU'ON COURT À DEMANDER SON CHEMIN LE SOIR

L'infortuné Choublanc marchait au hasard, la perte de sa bourse lui faisait faire de sérieuses réflexions sur le danger de se lier avec le premier venu, de lui conter ses affaires, et surtout de lui offrir à se rafraîchir. Il ne savait quel parti prendre; un moment il avait eu l'envie de retourner au café où il avait si bien vécu, afin de demander si on y aurait pas trouvé sa bourse; mais la course était excessivement longue, il se faisait déjà tard, notre voyageur craint de s'égarer, et avec quatre sous dans sa poche pas moyen de se faire conduire en voiture.

Il est bon de dire aussi que notre Champenois n'avait pas une montre pour ressource. Comme dans sa jeunesse il en avait perdu trois de suite, il avait pris alors la résolution de n'en plus porter, ne trouvant pas de meilleur moyen pour ne plus la perdre. Mais comme un homme comme il faut ne peut pas dire : — Je n'ai point de montre, il en avait acheté une fort belle, qu'il laissait constamment accrochée chez lui au-dessus de sa cheminée, ce qui lui était fort peu commode lorsqu'il voulait savoir l'heure; mais alors il se consolait en se disant :

— C'est égal, au moins on ne me volera pas cette montre-là.

Par conséquent, en venant à Paris, M. Choublanc n'avait pas manqué de laisser sa montre à sa cheminée.

— J'irai demain à ce café, pense notre voyageur; mais quelque chose me dit que je n'y trouverai pas ma bourse. En attendant, où vais-je coucher, avec quatre sous dans ma poche?... car, décidément, je crois bien que c'est un voleur! Ce gredin m'a parlé de garnis où l'on loge pour un ou deux sous,,, à la corde. Je ne peux pas dire ces derniers mots sans frissonner; il me semble toujours qu'on doit pendre les gens qu'on loge comme cela. Enfin, il faut voir de tout quand on vient à Paris; d'ailleurs, je n'ai pas d'autre ressource. Et c'est bien lorsque je suis dans la rue, on me ramasserait comme un vagabond... Ah! Dieu! si Éléonore apprenait dans quelle position je me trouve; c'est pour le coup qu'elle prendrait des grands airs et me dirait : « Allez, monsieur, vous n'êtes qu'un Choublanc! » Mais je me garderai bien de lui conter mes mésaventures... quand je la retrouverai!,.. O mon épouse! où êtes-vous? Vous reposez douillettement sur un lit de plumes, pendant que votre mari ne sait pas où trouver un abri! Et c'est pour vous voir, pour vous dénicher, que je me suis mis dans cette fâcheuse situation!... Ce misérable Ernest avait raison quand il disait que j'étais à mettre sous cloche!... Où diable m'a-t-il qu'étaient ces hôtels à deux sous? Ah! rue Sainte-Marguerite, qui donne dans le faubourg Saint-Antoine. Il s'agit de trouver ça... Voilà une dame, demandons-lui mon chemin.

— Mille pardons, madame, le faubourg Saint-Antoine, s'il vous plaît?

— Passez votre chemin, polisson, et ne me parlez pas,.. vous me prenez pour ce que je ne suis pas, entendez-vous?

— Pardon encore une fois, madame, vous avez mal entendu apparemment. Je vous demande le faubourg Saint-Antoine.

— Si vous ne me laissez pas tranquille, j'appelle un sergent de ville.,. On connaît ces finesses-là,.. Des hommes qui accostent le soir les femmes dans la rue... il quelle peste!,.. on devrait museler ça comme des chiens.

Choublanc reste cloué à sa place, et la dame s'éloigne en continuant de le menacer.

— Il est donc défendu de demander son chemin le soir dans Paris? se dit le Champenois désolé; mais alors, comment font les étrangers?... Il n'est pas possible, cette femme avait mal aux dents. Ah! voilà un particulier en casquette, j'espère qu'il n'aura pas peur de moi, celui-là.

— Monsieur, mille pardons... le faubourg Saint-Antoine, s'il vous plaît? En suis-je encore éloigné?

— De quoi... de quoi... qu'est-ce que c'est?... nous voulons encore poser, quoique d'un âge respectable, nous voulons faire aller les amis... nous demandons un endroit quand nous sommes dedans! mais c'est pas Bibi qui se laissera attraper... Connu, mon ancien! tâche d'apprendre du plus nouveau. Bonsoir, vieux concombre!

Le particulier s'éloigne en poussant de gros rires.

— Pourquoi m'appelle-t-il vieux concombre? se dit Choublanc; il paraît qu'il se nomme Bibi, lui!... Il prétend que je veux le faire aller... On voit bien qu'il ne me connaît pas. Mais, j'y songe, il m'a dit que j'étais dedans,.. est-ce dans le faubourg Saint-Antoine? alors il faut que je demande maintenant la rue Sainte-Marguerite. Mais, en vérité, je n'ose plus aborder quelqu'un... ils vous reçoivent si drôlement ici., A Troyes, on m'aurait déjà conduit dix fois où je veux aller.

M. Choublanc fait quelques pas, incertain sur le parti qu'il doit prendre. Enfin, une espèce d'ouvrier passe à côté de lui en chantant

> Qu'à mes créanciers je doive,
> Tel souci n'est pas le mien ;
> Que ma femme m'aperçoive,
> Cela ne me gêne en rien,
> Pourvu que je boive, boive, boive,
> Pourvu que je boive bien !

— Voilà un homme qui n'engendre pas la mélancolie, se dit Choublanc ; il chante, par conséquent il est de bonne humeur, espérons qu'il ne me recevra pas mal ; voyons si je serai plus heureux cette fois.

Et sans remarquer que l'individu qui chante est dans un état d'ivresse qui le fait chanceler à chaque pas, notre nouveau débarqué le rejoint et lui tape légèrement sur l'épaule en lui disant d'un ton bien poli :

— Mille excuses de vous arrêter, monsieur ; mais pourriez-vous m'indiquer, dans ce quartier...

L'ivrogne ne le laisse pas achever ; il s'écrie d'une voix enrouée :

— Tiens, c'est toi, Galochard... Ah ! vieux Galochard !... t'avais dit que tu nous rejoindrais ce soir, là-bas, au *Bon Coin*... chez Triquet... pour écraser un grain... et t'es pas venu, *faignant !*... c'est pas bien de laisser comme ça les amis en suspens.

— Pardon, monsieur, mais en ce moment je crois que vous faites erreur.

— Comment ! je te fais horreur... A-t-on vu ce vieux lapin !... Ecoute, Galochard, c'est pas tout ça... un homme est un homme, n'est-ce pas ?... Je défie le plus malin d'aller à l'encontre de ça... Eh bien ! ce que j'estime dans un homme, vois-tu, c'est les sentiments... et la vertu... Es-tu de mon avis ?

— Entièrement, monsieur ; mais comme je ne suis pas le vieux lapin que vous croyez...

— Chut ! attends donc, laisse-moi arriver à mon point de départ... Alors, on a des sentiments ou on n'en a pas... mais quand on dit une chose... c'est fini !... il n'y a pas de patron... il n'y a pas de femme... il n'y a pas... parce que... suis bon mon raisonnement... de deux choses... quatre... Pour lors, tu avais promis de payer un litre aux amis ce soir, chez Triquet... Pourquoi que t'es pas venu ?... Enfin, c'est égal,,, tu vas le payer... nous le boirons à nous deux... ça reviendra au même.

— Mais, sapristi, monsieur, combien faut-il vous dire de fois que vous me prenez pour un autre ? Je n'ai jamais été le Galochard que vous croyez.

— Comment vous dites ?... Tu n'es pas Galochard ?... Alors qu'est-ce que vous êtes donc ?... Êtes-vous un ami, oui ou non ?

— Je serais volontiers de vos amis, monsieur, si vous avez la complaisance de m'indiquer la rue Sainte-Marguerite ; car je connais fort peu Paris, et je crains...

— Qu'est-ce qu'il me chante, celui-là ?... Tu as une sainte Marguerite à fêter... j'en suis,,, Tu as dit que tu étais un ami... alors tu as des sentiments... Tu vas payer le litre de Galochard. Tu dis que tu ne me connais pas... eh bien ! nous ferons connaissance... Avec moi, c'est pas difficile, vois-tu, je ne suis pas un sournois... je hais les sournois... Je suis franc comme le vin pur, un gai luron, quoi !... Toi aussi ? tant mieux ! allons, tu vas payer un litre... ça y est-il ?... ça y est.

— Eh ! non, monsieur, ça n'est pas du tout ! Je vous demande mon chemin ; si vous ne voulez pas me l'indiquer, là chez-moi, et que cela finisse.

Le pauvre Choublanc, qui se repent de s'être adressé à un ivrogne, cherche à s'en dépêtrer ; mais celui-ci avait empoigné son homme par le bras, il ne voulait plus le lâcher ; il lui crie, en lui parlant dans le nez :

— Qu'est-ce à dire... tu renâcles pour payer un litre... et tu as dit que tu étais un ami ?..

— Je ne suis pas votre ami, monsieur, je ne vous connais pas, moi !

— Comment, tu ne me connais pas, et tu m'arrêtes quand je passe... tu voulais donc m'insulter, alors ?

— Mais pas du tout, puisqu'au contraire je...

— Pas tant de raisons... paye-tu un litre ?.. alors t'es un ami...

— Je suis dans l'impossibilité de payer la moindre chose... hélas ! j'en ai trop payé aujourd'hui !..

— Tu ne veux pas ?.. alors tu t'fichu de moi, et je te cogne.

— Mais permettez...

— Tiens, attrape ça !..

En disant ces mots, l'ivrogne lance un coup de poing dans l'estomac de Choublanc, qui, heureusement, se retourne et le reçoit dans le dos. L'indignation donne du courage à notre Champenois, il repousse vigoureusement son adversaire, qu'il n'a pas de peine à faire rouler sur le pavé, mais malheureusement il tombe avec lui, parce qu'il avait mis trop de laisser-aller dans sa réponse.

L'ivrogne criait comme un âne, en continuant de lancer des coups de poing à tout hasard ; Choublanc cherchait à se relever, mais pour cela il lui fallait retirer le pan de son paletot des mains de son adversaire qui ne voulait pas le lâcher. La lutte se prolongeait, lorsque arrive enfin un jeune homme en blouse, qui a bien vite séparé les combattants, en disant :

— Eh bien ! qu'est-ce que c'est que cela ? on se roule sur le pavé... des hommes raisonnables !.. Vous êtes donc gris tous les deux ? Allons, allons, que cela finisse bien vite ! ou je vais me fâcher aussi, moi.

— Non, monsieur, je vous certifie que je ne suis pas gris, dit Choublanc en se relevant ; aussi je vous remercie mille fois de m'avoir tiré des mains de cet ivrogne... que je ne connais pas... et qui s'est mis à me battre, parce que je lui avais demandé tout simplement mon chemin et très-poliment.

Pendant que Choublanc parlait, le nouveau venu l'examinait avec plus d'attention ; tout à coup il s'écrie :

— Mais je ne me trompe pas... c'est monsieur qui était ce matin assis à côté de moi sur un omnibus ? Monsieur qui arrive de Troyes, et qui voulait aller rue de Chartres, rue Froidmanteau, rue du Coq ?

— C'est bien moi-même... Ah ! je vous reconnais aussi, jeune homme. C'est vous qui m'avez aidé à me placer, quand je me promenais à quatre pattes sur la voiture.

— Oui, monsieur ; mais que faites-vous donc si tard dans le faubourg Saint-Antoine ? Vous connaissez donc tout le monde ici ?

— Moi ? pas du tout... Ah ! jeune homme, si vous saviez tout ce qui m'est arrivé depuis ce matin, vous me plaindriez, car véritablement je suis en ce moment dans une position bien embarrassante.

— Vraiment ! eh bien ! si je puis vous aider à en sortir, me voilà, disposez de moi.

— Ah ! merci mille fois, vous êtes ma providence.

— Je ne suis que Jacques Thibaut, simple ouvrier ébéniste, mais quand je peux rendre un service, ça me botte !

— Je vais vous raconter tout ce qui m'est arrivé depuis ce matin. Mais éloignons-nous de ce vilain ivrogne qui m'a battu.

— Oh ! il n'y a pas de danger qu'il recommence. Voyez, il dort déjà.

— C'est ma foi vrai, il ronfle !

— Et comme il ne faut pas, parce qu'on est gris, se faire écraser, je vais le traîner un peu plus loin, le mettre à l'abri des voitures. Oh ! ce sera bientôt fait ! Si j'avais eu un lampion, je l'aurais posé près de lui, comme on a déjà fait en pareil cas, mais nous pourrons nous en passer.

Le jeune ouvrier prend l'ivrogne par dessous les bras, le traîne tout contre une maison, puis revient à Choublanc, qui tâche de réparer un peu le désordre où l'a mis son pugilat en pleine rue, puis fait à son nouvel ami un récit fort exact de ce qui lui est arrivé dans la journée ; n'oubliant ni la perte de sa tabatière, ni celle de sa bourse, ni son déjeuner dans un beau café de la rue de Rivoli.

L'ouvrier, qui l'a écouté avec attention, lui dit lorsqu'il a cessé de parler :

— Parbleu, monsieur, vous avez été volé, cela est clair comme le jour. Cet homme qui s'est attaché à vos pas est votre voleur, il a bien vu à qui il avait affaire. Malheureusement les grandes villes sont toujours abondamment fournies de ces messieurs qui passent leur temps à chercher des dupes et vivent à leurs dépens. Si celui-ci n'avait fait que manger et boire au café en vous faisant payer la carte, ce ne serait rien !.. mais vous prendre votre tabatière, votre bourse !...

— Vous pensez que c'est le même qui a pris les deux objets ?

— J'en suis convaincu... C'est cet homme qui était assis derrière vous, sur la voiture... qui fumait... qui avait de la barbe plein le visage.

— Justement... il m'a dit qu'il s'appelait Ernest.

— Oh ! les noms qu'ils se donnent ne signifient rien, ils en changent tous les jours. Sa figure ne m'était pas entièrement inconnue... il me semblait l'avoir déjà rencontré quelque part ; mais lorsqu'il s'est aperçu que je l'examinais, il a aussitôt tourné la tête, et ma foi, je ne m'en suis plus occupé.

— Si vous aviez pu le connaître et savoir où il demeure.

— Où il demeure ? Est-ce que ces filous-là ont un logement ? Ils couchent aujourd'hui dans un quartier, demain dans un autre. A propos de cela, où comptez-vous coucher, vous, monsieur, ce soir ?

— Comme je ne possède que quatre sous, et que ce filou d'Ernest m'avait assuré que dans la rue Sainte-Marguerite on trouvait à se loger pour deux sous, je vous avoue que j'allais y chercher un gîte.

— Vous, monsieur, loger dans un garni de la rue Sainte-Marguerite !.. Vous ne savez donc pas ce que c'est que ces endroits-là ?

— Je sais seulement qu'on y loge à la corde ou sans corde, à la volonté du locataire.

— Vous ne vous doutez pas par qui sont habités ces garnis !

— Je ne me doute de rien du tout... Vous savez que j'arrive de Troyes, patrie des andouillettes, etc.

— Venez, monsieur, venez avec moi... nous ne sommes pas loin de la rue Sainte-Marguerite, je vais vous y conduire et vous faire voir des choses... qui vous ôteront l'envie de loger là.

— En vérité! eh bien! jeune Jacques, je m'abandonne à vous, soyez mon second guide; le premier devait me piloter... à ce qu'il disait.

— Il s'est trompé de mot, il voulait dire : vous piller. A propos, monsieur, avez-vous une montre?

— Non, pas sur moi.

— Tant mieux! Vous n'avez plus de tabatière?

— Hélas! non.

— Tant mieux! Plus d'argent?

— Que vingt centimes!

— Tant mieux!

— Tant mieux! tant mieux! je ne suis pas de votre avis, moi.

— Comprenez donc que maintenant vous ne craignez plus d'être volé.

— Il est certain que c'est toujours une consolation.

— Ah! avez-vous un mouchoir?

— Oui, par exemple, j'ai encore mon mouchoir.

— Eh bien, tenez toujours votre main dessus; et à présent venez avec moi.

— Sapristi! je ne sais pas où vous allez me mener, mais j'ai déjà la chair de poule.

IX

UN TAPIS FRANC DE LA RUE SAINTE-MARGUERITE

Tout en marchant à côté de notre provincial, Jacques lui dit :

— Vous savez, monsieur, qu'il existe à Paris une foule de vagabonds, de gens sans aveu, des repris de justice, de forçats libérés... auxquels le séjour de cette ville est défendu, et qui, bravant

Choublanc cherchait à se relever. — Page 15.

les lois et la police, y reviennent constamment dans l'espoir d'y commettre de nouveaux crimes...

— Vous me faites frémir, jeune homme...

— Mon Dieu, monsieur, ceci n'est malheureusement que trop commun! A Londres, il paraît que c'est dans la Cité que ce vilain monde se réfugie... Chaque grande ville a ses mauvais quartiers, ses rues abandonnées à une certaine classe... je ne dirai pas de la société, mais de l'écume de la société.

— Enfin... puisqu'il faut que ce soit ainsi... Le pot-au-feu a bien aussi son écume... ce qui n'empêche pas que le bouillon ne soit une excellente chose... Continuez, mon cher ami... me permettez-vous ce titre, jeune Jacques?

— Monsieur, c'est beaucoup d'honneur que vous me faites; mais permettez-moi de vous dire que vous le prodiguez un peu légèrement, car enfin, vous me connaissez à peine. Et avant de nommer un homme son ami, il me semble, à moi, qu'il faut savoir ce qu'il est, ce qu'il fait, et s'il est digne de notre amitié.

— Jeune ébéniste, vous parlez comme *Socrate*; si vous aviez vécu de son temps, vous auriez été un des sages de la Grèce. Moi, je dois en faire l'aveu, j'ai trop de laisser-aller... trop de confiance peut-être, mais je n'ai jamais pu me corriger de cela...

— Monsieur, si c'est un défaut, on ne le trouve jamais chez

les gens de mauvaise foi! Pour en revenir à ces affreux garnis où vous aviez l'intention d'aller... vous seriez trouvé dans la société de ces messieurs que je vous ai cités tout à l'heure.

— On m'aurait encore volé quelque chose, probablement!

— Il se passe dans ces endroits-là des drames bien plus effrayants parfois que ceux que l'on représente à l'*Ambigu* ou à la *Porte-Saint-Martin*. Il y avait autrefois à Paris un endroit appelé la *Souricière*, il était placé au centre des halles; c'était le plus fameux bouge de Paris, rendez-vous ordinaire des voleurs, voleuses, filles de mauvaise vie et tout ce qu'il y avait de plus ignoble dans la ville. La *Souricière* avait une telle réputation, que des étrangers, des hommes distingués de la capitale ne craignaient pas quelquefois de s'y aventurer, curieux de voir ce hideux tableau. Il y avait aussi, rue Saint-Honoré, près du café de la Régence, une maison de jeu, connue sous le nom d'*Hôtel d'Angleterre*, qui rivalisait de réputation avec la Souricière. Cependant l'*Hôtel d'Angleterre* était l'aristocratie du vice; il y avait une roulette, un creps et un biribi. A ce dernier jeu, il paraît que les pontes qui avaient perdu à la roulette toutes leurs grosses pièces, avaient la facilité de jouer leurs derniers sous. L'Hôtel d'Angleterre ainsi que la Souricière étaient ouverts toute la nuit; et beaucoup de gens à Paris n'avaient pas d'autres domiciles.

— Est-ce que vous avez été par là, vous, jeune homme?
— Non, monsieur ce n'est point de mon temps... mais je lis beaucoup; on apprend aussi en lisant, et j'ai toujours aimé à m'instruire.
— Je vous en fais mon compliment. Moi, je n'ai jamais bien su que le domino, et encore!...
— Je veux vous mener dans un de ces repaires modernes, qui s'intitulent aussi cafés, et qui ne sont en effet que des tapis francs.
— Vous voulez me mener dans un café comme celui où j'ai déjeuné avec... ce gredin d'Ernest?
— Oh! non... ce n'est plus du tout la même chose... Mais nous voici dans la rue Sainte-Marguerite.
— Elle n'est pas brillante.
— Elle est cependant bien mieux éclairée qu'elle ne l'était autrefois.
— Ah! çà... mais... il passe de drôles de figures par ici! ce n'est pas aussi élégant que sur le boulevard de la Madeleine.
— A Paris, chaque quartier a son cachet, ses modes, sa physionomie.

— Où donc me menez-vous... mon cher monsieur Jacques?
— Dans un des bouges les plus fréquentés de la rue.
— Pardon, mais qu'entendez-vous par bouge?
— A Paris, c'est ainsi qu'on désigne non-seulement un endroit malpropre, mal tenu, mais encore un lieu fréquenté par des filous, des loupeurs, des gouapeurs, des voleurs, cette écume de la capitale qui est continuellement en fermentation. Devant une maison sale et noire, vous apercevez comme une espèce de boutique mal éclairée; à travers de petits carreaux crasseux, enfumés, cassés et rajustés avec du papier, vous n'entrevoyez aucune espèce de marchandise, et vous vous demandez ce qu'on peut vendre là-dedans. Mais si vous vous arrêtez un moment, vous verrez bientôt entrer et sortir les habitués de ce lieu... des hommes mal vêtus, ou plutôt à peine vêtus; ils ont pour la plupart la figure pâle, le teint plombé, les yeux caves et le regard sinistre; quand ils rient, ce n'est pas de la gaieté que leur visage exprime, c'est de l'effronterie, de la débauche, c'est le vice enfin dans toute sa laideur. Ce qui est fort triste surtout, c'est de voir des jeunes gens, des adolescents même parmi tout ce monde-là.

Le meilleur repas est celui où l'on apporte un cœur content. — Page 20.

Vous trouvez dans un bouge des enfants de quatorze à quinze ans qui, déjà entraînés par le mauvais exemple, ont abandonné le travail, l'atelier, la maison paternelle pour se livrer à cette vie de paresse, de fainéantise, de jeu et de désordre, qui les conduit nécessairement au vol et au bagne... Mais voilà celui dans lequel je veux vous mener.
— Merci... je n'y tiens pas, ce que vous venez de me dire m'effraie.
— Allons donc! un homme doit tout voir! D'ailleurs, avec moi, je vous réponds que vous n'avez rien à craindre; et puis, votre combat sur le pavé a tellement gâté votre toilette que vous ne paraîtrez pas trop propre à ces messieurs. Venez.

Choublanc se décide à suivre son nouveau guide; celui-ci ouvre une petite porte vitrée, et ils entrent tous deux dans un soi-disant café.

L'intérieur en est repoussant : le gaz n'y est point connu, et l'huile y étant très-ménagée, il n'y règne qu'une lumière douteuse, et qui est encore assombrie par une épaisse fumée, car tous les habitués de ce lieu ont la pipe ou plutôt le brûle-gueule à la bouche. A travers cette atmosphère épaisse, chaude, humide, à laquelle se mêlent les vapeurs du vin, de l'eau-de-vie, de l'ail, de l'oignon, et la transpiration de ces messieurs, qui ne se dé-

barbouillent que lorsqu'ils tombent dans le ruisseau, vous apercevez cependant des tables et un billard.

Une foule d'hommes remplit ce lieu. Il y en a qui sont assis près des tables, buvant du vin et des liqueurs (le café est inconnu dans ses cafés-là, ou du moins c'est un *extra*): l'un, à demi ivre, chante un couplet obscène, l'autre est déjà endormi sur la table; son voisin a roulé dessous, et on ne juge pas nécessaire de le ramasser. Il y en a qui jouent aux cartes... Quelles cartes! on ne distingue plus les couleurs. Ces messieurs, en se trichant entre eux, s'exercent à escroquer les pigeons qui leur tomberont sous la main.

C'est autour du billard que vous apercevez le plus de monde; les joueurs vont faire la poule, mais auparavant les paris sont ouverts; on va tirer les numéros..

Alors ces hommes fouillent à leur poche, et ce qui vous étonnera, c'est de voir bientôt le tapis couvert d'argent, quelquefois même des pièces d'or y sont jetées et mises au jeu.

De l'argent dans la poche de cet homme dont la blouse est déchirée en plusieurs endroits, dont le pantalon, mal rapiécé, n'est plus qu'un hideux assemblage de loques! De l'or chez cet autre dont les joues caves et la figure allongée sembleraient annoncer la misère et le besoin, et qui a pour chaussure des bottes à tra-

vers lesquelles ses pieds nus se montrent en plusieurs endroits!

Que penser de ces disparates? Ces messieurs sont faits pour ôter toute confiance dans l'aspect de la misère et du malheur.

Choublanc, tout en portant des regards effarés autour de lui, se serre contre le jeune ouvrier, en lui disant à l'oreille :

— Allons-nous-en... J'en ai assez vu... Décidément, j'aime mieux le café de ce matin; on y dépense beaucoup d'argent, c'est vrai, mais au moins tout y est élégant, tout y flatte la vue. Ici, c'est absolument le contraire.

— Attendez donc... Je veux que vous entendiez quelque scène... Il est rare qu'il ne s'en joue pas ici. Venez... mettons-nous à cette table... contre l'entrée.

— Mais, jeune homme, permettez, je n'ai que quatre sous.

— Ne craignez rien, monsieur, c'est moi qui paye, ici... Au reste, ce n'est pas cher... Garçon! du fil-en-quatre, et vivement!...

— Vous voulez me faire avaler du fil-en-quatre... Quelle est cette boisson!

— De l'eau-de-vie faite avec des chiffons... Tout ce qu'il y a de plus exécrable en eau-de-vie... Vous voilà prévenu.

— Bien obligé.

L'eau-de-vie est apportée; le garçon se fait payer dès qu'il a servi, usage de l'endroit. Choublanc prend son petit verre, et fait une grimace horrible en y goûtant; il lui semble avoir de la chaux vive dans la bouche.

Mais son compagnon le pousse pour lui faire remarquer un jeune homme de seize ans au plus, grand, mince, dont la figure est belle et presque franche; ses yeux bleus, assez doux, n'ont pas encore toute la hardiesse du vice; seulement la fatigue semble abattre la vigueur, la vivacité naturelle à son âge. Une blouse bleue assez propre, un pantalon de drap gris, de bons souliers, une casquette presque neuve, voilà sa toilette. Il a l'air d'hésiter en entr'ouvrant la porte du bouge, il regarde un moment au fond, il va s'éloigner sans entrer. Le malheureux! que ne cède-t-il à cette voix secrète qui lui crie de fuir loin de cette sentine du vice! Le malheureux! il ne plus mettre le pied dans ce repaire où il a déjà fait d'infâmes connaissances qui l'entraîneront à sa perte... Le sort de toute sa vie dépend encore d'une erreur de jeunesse; mais il n'est déjà plus assez fort pour résister aux mauvais penchants. Il est toujours près de la porte, lorsque deux autres personnages accourent à lui du fond du café.

L'un est un homme d'une trentaine d'années, petit, trapu, noir et hideux de figure; il porte sur sa tête une espèce de bonnet qui n'a plus de forme, mais qui a conservé un énorme gland qui se balance sur son front dont il cherche à balayer la poussière; il a sur le corps un mauvais bourgeron gris-jaune et un pantalon en toile à torchons qui ne lui descend qu'à mi-jambe. Le sourire de cet homme, qui laisse voir deux énormes dents placées comme des défenses de sanglier, a quelque chose d'effrayant et d'infernal.

L'autre individu est grand, maigre comme un squelette, jaune de visage, il a le regard morne et fauve. Celui-là est vêtu de quelque chose qui doit avoir été un paletot, mais qui s'attache maintenant avec des ficelles; il a sur la tête la forme d'un vieux chapeau rond qui n'a plus de bords; un échantillon de toile à matelas, roulé comme une corde, lui sert de cravate. Il tient ses deux mains dans ses poches, qui semblent bourrées d'une foule d'objets et rappellent celles du compagnon de Robert-Macaire.

— Ma foi! dit tout bas Choublanc à son compagnon, j'avais trouvé tantôt que la mise de M. Ernest était un peu négligée; mais je dois convenir que c'est un petit-maître auprès de ces messieurs.

— Écoutez maintenant ce qu'ils vont dire à ce malheureux enfant qui vient d'entrer ici.

— J'aimerais autant m'en aller... Je ne trouverai jamais ma femme dans ce repaire... et c'est ma femme que je viens chercher à Paris... Je ne vous ai pas encore conté cela... je vais vous le narrer.

— Pas ici, monsieur... pas ici... Je vous y ai amené pour entendre et voir, et non pour causer... Chut!... écoutez et ne soufflez pas mot!

— Eh bien! *môme*, est-ce que tu allais t'en aller comme ça? dit le plus petit des deux hommes en tapant sur l'épaule de l'adolescent. Est-ce que tu veux courir la prétentaine au lieu de rester à *jaspiner* avec les vieux, avec les amis, qui veulent te former et faire de toi un gaillard solide?

— Ah! c'est Grassouillot! répond l'adolescent. Tiens! v'là aussi le grand Léflanqué! C'est que, voyez-vous, j'ai pas mal travaillé aujourd'hui et j'avais envie de *piôncer*.

— Oh! c'te *sorbonne!* viens donc louper avec nous. Pisque t'as travaillé, t'as le droit de te livrer à un jeu quelconque pour te reposer et te divertir... L'homme n'est pas fait pour travailler toujours, à l'instar du nègre... Fi donc! nous sommes des blancs, nous autres, que je m'en flatte... nous abhorrons l'esclavage!

On aurait pu refuser à ce monsieur le titre de blanc dont il semble se glorifier; car ce que l'on voyait de sa peau était plus brun que celle d'un mulâtre.

Il continue : — J'ai de la *douille*, tu dois en avoir aussi, faut s'amuser un brin... Allons, Léflanqué, pousse donc le petit à c'te table, que nous pincions un régal de n'importe quoi!

La seule table qui fût libre encore se trouvait justement voisine de celle où M. Choublanc et Jacques s'étaient placés. L'adolescent se laisse entraîner, il s'assoit à la table; bientôt beaucoup d'hommes de l'espèce des deux qui l'ont accosté viennent lui dire bonsoir, en se lançant entre eux des regards d'intelligence. On le fait boire, on le fait jouer; il sort de sa poche deux pièces de cinq francs, et l'individu qui est fier de n'être pas nègre s'écrie :

— Plus que ça *d'balles!*... Il n'est pas possible, t'as dévalisé la caisse d'épargne... ou t'en avais bigrement mis de côté, des épargnes!

— Non, non, c'te farce! au contraire, car hier on a volé, dévalisé chez nous, pendant que j'étais à flâner et que ma mère était allée reporter son ouvrage. On est entré chez nous, on a fait un paquet de nos effets... les hardes de ma mère, toutes ses économies, on a tout pris, tout emporté... nous n'avons plus rien. Pour avoir du pain, ma mère s'est décidée à vendre une *brocante* qu'elle avait au doigt; je viens de la porter chez le marchand, qui m'a donné dessus ces deux *roues de derrière*... Ma mère attend après pour manger... et si je les joue... et que je les perde... avec quoi aurons-nous du pain?

— N'aie donc pas peur, Fifi !... nous avons du *jonc*, nous autres ! et on t'en donnera, si tu es dans la *dèche*! Est-ce que tu ne connais pas la chanson :

Les amis sont toujours là!... les amis sont toujours bons là!

L'adolescent se laisse aller; il joue et perd les deux pièces de cinq francs qu'il devait porter à sa mère. Puis, le hideux Grassouillot lui prend sa blouse contre son bourgeron; le grand Léflanqué lui gagne sa casquette neuve et lui donne en la place sa forme de chapeau privée de bords; enfin, pendant qu'il est en train de jouer son bon pantalon de drap gris contre celui en toile à torchons, de nouveaux individus entrent dans le bouge et s'approchent de la table à laquelle se passe cette scène. L'un d'eux frappe sur l'épaule de Léflanqué, en s'écriant :

— Eh bien! l'affaire a marché, hier... Tu as *bouliné* avec Grassouillot dans la rue de Charenton... je t'ai vu décamper par la *lanterne*... Il était temps, sans quoi vous auriez été pincés!

Pour toute réponse, les deux hommes auxquels ces paroles s'adressent partent d'un ricanement prolongé et veulent boire à l'adolescent. Cependant celui-ci, qui n'est encore qu'à moitié gris, semble frappé de ce qu'il vient d'entendre; il regarde l'individu qui vient de parler, et s'écrie :

— Comment... rue de Charenton... hier... qu'est-ce qu'ils ont donc fait?

— Ils ont été *grinchir*, donc!

— Et chez qui?

— Chez qui?... Eh! mais, est-ce que tu ne le sais pas?... Chez ta mère... c'est eux qui ont dévalisé sa chambre! Comme je te voyais boire avec eux, je pensais que tu avais ta part dans l'affaire!

L'adolescent reste tout ébahi; une pâleur mortelle couvre son visage; il regarde les deux joueurs d'un air égaré. Ceux-ci se mettent alors à pousser de gros hurlements de joie; puis ils emplissent le verre de leur victime et le lui présentent en disant :

— Eh ben, oui! c'est nous qui avons fait le coup!... Vas-tu pas faire des manières... te regimber!... Allons, ne fais pas l'enfant, lampe ça! Nous nous moquons de la *rousse*... nous sommes une bande, tu en seras, tu ne retourneras plus dans ta *cassine*... tu connaîtras avec nous les douceurs de la liberté!... O la liberté!... nous la pratiquons avec succès!... tu en tâteras avec nous!...

L'adolescent est quelques instants indécis; mais on l'entoure, on l'excite, on crie, on rit, on hurle, on entend de toutes parts une foule de plaisanteries infâmes, et le malheureux finit par choquer son verre contre ceux des deux misérables qui ont volé sa mère!...

— Partons!... allons-nous-en bien vite!... murmure Choublanc, qui se sent défaillir. Je ne reste pas plus longtemps ici... venez!... C'est horrible, ce que je viens de voir... Allons chercher la garde... pour faire arrêter ces misérables.

— C'est inutile, dit Jacques, ce n'est pas notre affaire... Ici, on ne les prendrait pas sur le fait; mais, soyez tranquille, la police a les yeux ouverts sur les misérables qui remplissent ce repaire, et, quoiqu'ils semblent la défier, ils ne sont jamais longtemps sans être pris et sans subir le châtiment que méritent leurs crimes...

— Ah! tant mieux... tant mieux!... Mais, allons-nous-en... Mon Dieu! si Éléonore savait que je suis entré ici !... elle ne voudrait plus me dire bonjour!...

Et Choublanc ne respire à son aise que lorsqu'il se revoit dans la rue et qu'il s'est éloigné au moins de cent pas du bouge dans lequel le jeune ouvrier l'avait conduit.

X

TABLEAU CONSOLANT

Jacques est obligé de courir pour rattraper Choublanc, qui ne veut plus s'arrêter. Le jeune ouvrier parvient enfin à lui faire modérer son pas, en lui disant :

— N'allez donc pas si vite, monsieur, on ne court pas après nous...

— Vous en êtes sûr ?.. Il m'avait semblé, quand je me suis levé, qu'un de ces infâmes brigands m'avait montré le poing...

— Vous vous êtes abusé, ils ne s'occupaient pas de nous.

— C'est égal... il me tarde d'être loin de ce quartier...

— Rassurez-vous... vous êtes maintenant dans le faubourg Saint-Antoine, et vous vous tromperiez beaucoup en le croyant mal habité. Il renferme, au contraire, une foule de braves ouvriers, honnêtes, laborieux, rangés ; toujours disposés à obliger leurs semblables, à compatir au malheur.

— Ah ! vous me rassurez... Vous m'avez fait bien plaisir en me disant cela... Ce que je viens de voir m'avait dégoûté de Paris... Je serais reparti demain matin... sans l'espérance d'y trouver ma femme !...

— Ah ! monsieur... est-ce qu'il faut juger une grande ville sur l'intérieur d'une maison... C'est comme quelqu'un qui butterait contre un pavé et qui dirait ensuite que toutes les rues sont mal entretenues.

— En vérité, jeune ébéniste, j'ai connu à Troyes des hommes de lettres qui ne raisonnaient pas si bien que vous.

— Il n'y a pas besoin d'être homme de lettres pour avoir du bon sens, monsieur.

— Je crois même que c'est le contraire. Mais dans tout cela je voudrais bien savoir où je coucherai... avec mes quatre sous ?

— Parbleu ! monsieur, chez moi, si vous voulez bien y accepter l'hospitalité.

— Chez vous, mon cher ami ?... Ah ! pardon, j'oubliais toujours que vous ne voulez pas que je vous regarde encore comme mon ami... Chez vous! quoi, vous auriez l'obligeance de m'y recevoir... de m'y coucher ?..

— Pourquoi pas, monsieur? Vous m'avez déjà conté ce que vous êtes, et il est facile de voir que vous ne mentez pas, vous ; c'est donc un plaisir pour moi de pouvoir rendre service à un brave homme qui est momentanément dans l'embarras, et que je ne veux pas laisser dans la rue. Ah ! dame, monsieur, ce n'est pas l'hôtel du Louvre, chez moi... Ce n'est ni élégant ni fastueux! mais vous y trouverez le nécessaire, vous y serez bien reçu et vous pourrez y dormir en paix...

— Dormir en paix, eh ! mon Dieu ! voilà tout ce que je demande, et pour cela je n'aspire point à être sous des lambris dorés !

— Tenez, nous voici arrivés.

Jacques s'arrête devant une grande maison d'assez belle apparence ; il frappe, la porte s'ouvre. Le portier, qui est tailleur, est assis à la turque sur la table qui lui sert d'établi, et crie au jeune ouvrier :

— Monsieur Jacques, je vous tiens par les épaules. Voyez-vous, je suis après votre redingote... Que j'y ai remis des parements, un collet neuf... des boutons et rentré toutes les coutures... si bien qu'elle sera absolument comme si qu'elle sortait des magasins du *Prophète* ou de *François Ier*... Ah! Dieu, qu'elle sera donc jolie... ça vous serez bien habillé quand vous aurez ça sur le dos!... C'est pas pour dire, mais c'est de la jolie ouvrage!

— Merci, père Lupinot, merci... Ah ! je dois vous prévenir que monsieur qui monte avec moi ne redescendra pas ce soir... Il couche à la maison...

— Ah! bon... vous faites bien de me prévenir... C'est un de vos parents... il vous ressemble, au fait, il a votre frontispice!...

— Non, ce n'est pas mon parent, mais il n'y a pas besoin qu'il le soit pour que je lui offre l'hospitalité.

— Vous en êtes le bourgeois, monsieur Jacques... Charbonnier est maître *chez soi*, comme dit c't'autre... Ah! faites excuse... Je vous ai mis des boutons de métal à votre paletot, parce que c'est bien plus en relief... Ça vous va-t-il ?

— Très-bien ! très-bien ! bonsoir...

Jacques traverse une cour et grimpe un escalier qui n'est pas éclairé, en disant à Choublanc :

— Veuillez me suivre, monsieur, prenez la rampe. Dame! c'est un peu haut. Je loge au cinquième, mais les ouvriers ne sont pas des agents de change.

— Je vous suivrai partout où il vous plaira de me conduire.

— Une fois arrivés, nous trouverons de la lumière, on nous attend... ou du moins on m'attend...

— Comment! on vous attend... vous ne demeurez donc pas seul, jeune homme?

— Non, monsieur, grâce au ciel, j'ai encore ma mère, et puis une petite nièce qui a bientôt quatre ans... et que j'aime comme si j'étais son père...

— Ah! vraiment! vous êtes en famille... Tant mieux, je vous en fais mon compliment.

— Et vous avez raison, monsieur, car ces deux personnes-là me rendent bien heureux... Et lorsque je rentre chez moi, mon cœur bat toujours de plaisir, parce que je sais que je vais embrasser ma mère et ma petite Louise.

On est arrivé au cinquième. Jacques n'a pas besoin de frapper ; on a reconnu son pas, une porte s'ouvre et une femme de cinquante et quelques années, petite, grasse, mais alerte et guillerette, et dont la mise est celle de la femme d'un ouvrier, s'écrie aussitôt :

— C'est toi, n'est-ce pas, Jacques?

— Oui, ma mère, c'est moi...

Au même instant, une petite fille de quatre ans accourt en tendant ses bras à Jacques.

— Ah ! c'est mon oncle... mon bon ami...

— Comment, Louise, tu n'es pas encore couchée? dit le jeune ébéniste en prenant l'enfant dans ses bras et en l'embrassant ; mais il est bien tard pour toi.

— Elle a voulu absolument veiller pour attendre ton retour... Ah! mon Dieu... mais il y a un monsieur là...

— Oui, ma mère... ne craignez rien... il est avec moi... Entrez, monsieur... Voilà ma mère,... que j'aime de tout mon cœur et qui me le rend bien... Voilà ma petite nièce à laquelle nous tenons lieu de son père et de sa mère qu'elle a déjà perdus!... Enfin, voilà mon logis... modeste, comme doit l'être celui d'un ouvrier qui ne veut pas faire de dettes. Maintenant, regardez-vous ici comme chez vous.

M. Choublanc salue profondément la mère de Jacques, embrasse la petite fille qui est gentille, fraîche et rieuse, puis il dit :

— Madame, je vais vous causer bien de la gêne... car monsieur votre fils a eu la bonté de m'offrir l'hospitalité pour cette nuit.

— Oui, ma mère, monsieur arrive à Paris aujourd'hui, et déjà on lui a volé tout son argent. Il ne savait que devenir... mais j'avais fait connaissance avec monsieur ce matin sur un omnibus ; en le retrouvant ce soir dans notre quartier, en apprenant sa position, je lui ai offert de venir coucher chez nous... Ai-je eu raison?

— Toujours, mon ami, on a toujours raison quand on rend service à quelqu'un...

— Ah ! voyez-vous, monsieur, j'étais certain que ma mère m'approuverait ; à nous deux, nous n'avons jamais eu qu'une même pensée... Maintenant, ma mère, nous allons souper, n'est-ce pas ?

— Oui, mon ami... dans un instant!... Oh! ce ne sera pas long!

— Et il y a des pommes de terre avec du mouton ! dit la petite Louise en sautant dans la chambre. Ah! c'est si bon les bonnes pommes de terre !

Jacques sort alors de sa poche une petite poupée de deux sous et la donne à l'enfant, en lui disant :

— Tiens, Louise... voilà pour toi !...

— Ah! qu'elle est gentille !... Ah! grand'maman, regarde donc la poupée...

— Oui... oui... tout à l'heure... je n'ai pas le temps... Ton oncle te gâte...

— Ah ! merci, petit non-noncle... Ce sera ma fille à moi... je l'habillerai plus tard, va...

— Je l'espère ; ce ne serait pas joli de la laisser toute nue...

— Non, sans doute...

— Mon bon ami, je veux l'embrasser.

Jacques embrasse la petite fille; puis, se tournant vers Choublanc, murmure :

— Ah ! monsieur, c'est si bon de rendre heureux les enfants... et il faut si peu de chose pour cela!... Ce que je n'ai jamais compris, c'est qu'on puisse leur faire ou les laisser pleurer... Les enfants ne devraient jamais connaître le chagrin... Est-ce que la vie n'est pas assez longue pour leurs peines?...

— Permettez ; on assure qu'ils pleurent souvent pour rien.

— Ne croyez pas cela, monsieur ; ceux qui disent cela ne veulent pas se donner le plaisir de les consoler... Avec un jouet de deux sous, Louise est aussi contente que si je lui donnais une poupée de vingt francs... Grâce au ciel, les enfants du pauvre goûtent souvent des jouissances aussi vives que ceux des riches, plus vives peut-être, car ils ne sont pas blasés sur le bonheur... Aimez-vous les enfants, monsieur?

— Je crois que je les aurais beaucoup aimés, répond Choublanc en soupirant; mais madame mon épouse n'a pas voulu me donner ce bonheur-là!

— Vous voyez, monsieur, la pièce où l'on fait tout, où l'on se tient presque toujours... Dame! nous n'avons pas d'antichambre, nous autres... La seconde pièce est plus soignée, plus bichonnée... mais aussi c'est la chambre de ma mère, et Louise couche près d'elle. Là, à gauche, est un grand cabinet dans lequel est mon lit : c'est là que vous dormirez comme chez vous...

— Mais, alors, et vous, mon cher ami... car, maintenant que je connais votre famille, il faut que vous me permettiez de vous appeler mon ami!...

— Moi, monsieur, parbleu! je coucherai ici!...

— Je n'y vois aucun lit.

— Est-ce qu'il y a besoin d'un lit!... J'ai deux matelas sur ma couchette; j'en prendrai un, et vous aurez l'autre... Ça vous va-t-il?

— Vous êtes mille fois trop bon... Demain, de grand matin, j'écrirai à Troyes, à mon notaire, pour qu'il m'envoie bien vite de l'argent... Faut-il beaucoup de temps pour que ma lettre arrive?

— Un jour, tout au plus... mais ensuite il faut le temps de vous répondre...

— Diable!... mais, alors...

— Alors, vous logerez ici jusqu'à ce que vous ayez reçu de l'argent; ce n'est pas plus malin que ça...

— Ah! monsieur Jacques... vous me comblez... c'est trop de bonté...

— Tiens... je ne suis donc plus votre ami, à présent?

— Oh! si fait... mais un ami comme vous... c'est si rare... et on appelle amis tant de gens qui ne cherchent qu'à nous nuire... En vérité, on devrait trouver un autre mot pour ceux qui nous font du bien.

Pendant que le jeune ouvrier passe dans son cabinet, Choublanc examine la pièce dans laquelle il se trouve. Elle fait un peu mansardée, les meubles sont en noyer, mais tout est tenu avec une extrême propreté. Il y a un grand buffet, huit chaises, une table ronde, une autre table surmontée de cases et formant un vaisselier. Puis, de chaque côté de la cheminée, on a fixé des planches sur lesquelles sont placés des marmites, des casseroles, un chaudron et autres ustensiles de ménage. Tout cela est net, brillant, bien entretenu.

La porte de l'autre chambre est ouverte, et la mère de Jacques y étant entrée avec une lumière, Choublanc peut y jeter un coup d'œil : c'est une pièce plus petite, mais mise en couleur et parfaitement cirée, il y a une alcôve ornée de rideaux en perse, aussi brillants que s'ils sortaient de chez le marchand, on voit un lit bien blanc, bien fait. Plus loin, une petite couchette qu'entourent des rideaux roses, puis une commode en acajou, à dessus de marbre, deux fauteuils et quatre chaises couverts en tapisserie; puis, sur la cheminée, une petite pendule en albâtre et deux vases pareils, ornés de fleurs artificielles; tout cela respire, sinon la richesse, du moins l'ordre, et cette modeste aisance qui est toujours la suite du travail.

Choublanc est revenu près de la cheminée, et pendant que la maman Thibaut couvre la table ronde d'une toile cirée bien brillante et dresse le couvert dessus, le Champenois regarde une marmite placée contre le feu, et dans laquelle mijotent le mouton et les pommes de terre. Le crépitement du feu qui se mêle au bouillonnement du ragoût, puis le fumet qui s'échappe de la marmite lui causent une sensation agréable; ses promenades dans Paris lui ont rendu l'appétit, et malgré son déjeuner avec M. Ernest, il se sent capable de dire encore un mot au souper de son nouvel hôte.

— A table, monsieur, si vous voulez bien nous faire cet honneur, dit la maman en souriant à Choublanc qui s'empresse de se rendre à cette invitation.

Il s'assied entre madame Thibault et son fils; la petite Louise est à côté de son oncle, et elle veut que sa petite poupée mange à table avec elle. Le ragoût de mouton, une salade, du fromage et du raisin composaient tout le menu du souper; mais, ainsi que l'a dit je ne sais quel auteur : « Le meilleur repas est celui où l'on apporte un cœur content. »

Cependant M. Choublanc qui, vu sa longue séance du matin au café de la rue de Rivoli, ne saurait manger autant d'appétit que les autres, et qui d'ailleurs est enchanté de trouver le moment de conter toutes ses affaires à ses hôtes, s'empresse de prendre la parole, et pendant que la famille de l'ouvrier continue de souper, il lui répète le récit qu'il a déjà fait le matin à M. Ernest; seulement il s'étend davantage encore cette fois sur tous les détails de ses amours pour Eléonore, de son mariage et de ce qui s'en est suivi.

Lorsque le Champenois a enfin tout conté, Jacques s'écrie :

— Ma foi, monsieur, si vous voulez que je vous parle avec franchise... eh bien, je vous dirai que si j'avais une femme comme la vôtre, parole d'honneur, je ne courrais pas après.

— Vous croyez cela, mon cher ami; mais pourtant si vous en étiez amoureux...

— Il me semble qu'on ne peut pas être amoureux d'une personne qui n'a jamais eu pour nous que de mauvais procédés...

— On espère toujours que cela changera... Puisque les femmes changent quand elles aiment, pourquoi ne changeraient-elles pas également quand c'est le contraire?

— Pourquoi?... dame! j'ai entendu dire que les femmes étaient un peu comme les girouettes : quand elles se rouillent, elles se fixent!...

— Eh bien! Jacques, dit la maman, est-ce que tu vas dire du mal des femmes à présent, toi qui aimes tant la Juliette?...

— Non, ma mère, je plaisantais, voilà tout... mais enfin, est-ce que vous trouvez que l'épouse de monsieur se conduit bien avec lui?...

— Non, sans doute, mais on l'a mariée contre sa volonté, et elle aimait quelqu'un; voilà ce qui est cause de l'aversion qu'elle a témoignée à son mari... Cependant il ne faut jamais désespérer... cette dame doit être raisonnable maintenant : quand elle va revoir monsieur, elle lui fera peut-être un accueil charmant!...

— Ah! bonne dame, puissiez-vous dire vrai!

— Oui! dit Jacques en souriant, et c'est pour cela qu'en venant se loger à Paris, elle n'a plus donné son adresse à son mari...

— C'est peut-être un oubli de sa part.

— Si je pouvais le croire! murmure Choublanc en levant les yeux au plafond. N'importe, dès demain, après avoir écrit à Troyes, je me mettrai en course pour trouver madame Noirville... c'est le nom qu'elle porte maintenant...

— Comment! elle a aussi quitté votre nom?... c'est joli...

— Elle n'aimait pas le nom de Choublanc!...

— C'est cependant gentil ce nom-là!...

— Oh! oui! s'écrie la petite Louise, bonne-maman en met dans le pot-au-feu!...

— Taisez-vous, petite babillarde.

— Mais mon monsieur, reprend le Champenois, d'après ce que vient de dire madame votre mère, il paraît que vous aimez quelqu'un aussi... alors vous avez probablement l'intention de tâter du mariage?...

— Oh! assurément, monsieur, cela devrait même être fait depuis six mois... Juliette est une bonne fille, active, laborieuse, que j'adore et qui me le rend bien... ma mère l'aime comme sa fille; le père de Juliette, l'honnête M. Dupuis, me traite comme son fils!...

— Je vois que vous êtes tous d'accord, cela doit aller tout seul...

— Mon Dieu, monsieur, tout était prêt, il y a six mois, et mon mariage allait se faire, quand un malheureux événement a tout retardé. M. Dupuis est un ébéniste établi, pas bien riche, mais qui fait bonnement ses affaires... Il donnait à sa fille en se mariant six mille francs pour que nous puissions commencer un petit établissement. Moi, j'aurais bien pris Juliette sans dot, mais son père tenait à ce que nous ayons de quoi nous établir...

— Et il a raison, mon enfant, dit la maman Thibaut, il ne faut pas le blâmer de cela.

— Enfin, ce pauvre M. Dupuis, qui est confiant... parce qu'il n'a jamais fait tort d'un centime à personne, reçut à cette époque la visite d'un beau monsieur, faisant de grandes manières, et qui voulait des meubles pour un logement qu'il venait de louer... Il en choisit pour quatre mille cinq cents francs qu'on porta chez lui... Puis il devait venir payer le lendemain... mais le lendemain il ne vint pas. M. Dupuis disait : il n'a pas eu le temps, il viendra demain... le lendemain, pas de nouvelles!... Le père de Juliette se décide alors à se rendre chez M. de Saint-Amour, c'était le nom du monsieur aux belles paroles... il arrive dans la maison où il a porté les meubles, M. de Saint-Amour n'y était plus... il était parti la veille, après avoir fait emporter les meubles par un autre individu auquel sans doute il les avait revendus à vil prix.

— Ah! le fripon... mais il me paraît qu'il ne manque pas de fripons à Paris.

— Si bien, que M. Dupuis en fut pour ses quatre mille cinq cents francs : il ne pouvait plus donner six mille francs comptant à sa fille. J'eus beau lui dire : Qu'importe! vous nous donnerez cet argent plus tard... il ne voulut rien entendre, et mon mariage avec Juliette est reculé jusqu'à ce que son père ait entièrement réparé cette perte.

— Je vois qu'il n'y a pas besoin d'arriver de sa province pour se laisser attraper à Paris !...

— Les hommes se laissent attraper partout, dit la maman Thibaut en souriant.

— Et depuis six mois, M. Dupuis n'a pas retrouvé son voleur de meubles?

— Non, monsieur... avec ça que le patron ne sort guère de son magasin... Quant à moi, je n'avais aperçu ce Saint-Amour qu'une fois... Pourtant je lui avais trouvé un regard... qui m'avait déplu... et ce matin sur l'omnibus... lorsque cet individu qui fumait vous a demandé votre tabatière, il m'avait semblé trouver dans sa physionomie une certaine ressemblance avec quelqu'un que j'avais déjà vu... je ne pouvais pas me rappeler où... Depuis, je me suis souvenu que c'était le regard du beau monsieur qui a escroqué le père de Juliette... mais je me serai trompé... votre monsieur Ernest était si mal vêtu... et puis on peut avoir ce mêmes yeux sans être la même personne... C'est égal, je me suis repenti depuis d'avoir pas suivi cet homme... je voudrais bien le retrouver !...

— Et moi aussi, je vous assure... et cependant il est capable de me dire que ce n'est pas lui qui m'a pris ma bourse !

— Assurément, monsieur ; si vous attendez qu'il en convienne pour le faire arrêter, vous attendrez longtemps !...

— Allons, mademoiselle Louise, venez vous coucher ! dit la maman en se levant de table.

— Ah ! bonne-maman... ma poupée a encore faim.

— Non, mademoiselle, il est déjà beaucoup trop tard pour un enfant de votre âge... dites bonsoir à tout le monde...

— Ah ! bonne-maman, il faut que je fasse ma prière...

— Vous la ferez sur votre lit.

La petite fille tend ses joues roses à M. Choublanc qui l'embrasse de bon cœur ; puis le Champenois, qui est fatigué de sa journée, ne demande pas mieux que d'aller faire comme l'enfant. On lui souhaite une bonne nuit, et il va s'étendre sur le lit de Jacques, pendant que la petite fille, à genoux sur sa couchette, murmure les mains jointes :

« Mon Dieu, je vous donne mon cœur... prenez-le, afin qu'aucune autre créature ne le puisse posséder que vous seul... Bonsoir, mon Dieu ; bonsoir, bonne-maman ; bonsoir, mon oncle ; bonsoir, mon bon ange ! »

Au bout de quelques minutes, tout le monde reposait paisiblement sous le toit de l'ouvrier.

XI

CHOUBLANC PASSE DANS L'ARTILLERIE.

Lorsque Choublanc s'éveille, il est près de huit heures, et Jacques est déjà parti pour aller à son ouvrage. Mais la bonne maman Thibaut a préparé du café et la crème pour le déjeuner de son hôte.

— Je suis bien paresseux, n'est-ce pas, madame ? dit le voyageur à son hôtesse ; mais je me trouve si heureux chez vous... que jamais je n'ai si bien reposé !

— Tant mieux, monsieur. Quand on a le temps de dormir, et que ça fait plaisir, je ne vois pas pourquoi on s'en priverait... Mais votre déjeuner vous attend...J'ai fait du café, ce n'est peut-être pas ça que vous prenez le matin ?

— Au contraire, madame, c'est mon déjeuner habituel... Mais, en vérité, je suis confus... Ah ! s'il y a des filous à Paris, je pourrai dire aussi qu'on y trouve de bien bonnes gens !...

— A Paris, il y a de tout, monsieur ; seulement, comme la ville est grande, on y trouve le bon et le mauvais en plus grande quantité.

Après avoir déjeuné, Choublanc se hâta d'écrire une lettre à son notaire de Troyes: il se dispose à sortir pour la mettre à la première petite poste, lorsque la mère de Jacques l'arrête, en lui disant d'un air embarrassé :

— Pardon, monsieur, j'ai encore une commission... dont Jacques m'a chargée... pour vous...

— Parlez, ma chère dame...

— C'est que... je ne sais comment vous tourner ça... c'est cependant tout simple... mais quand on n'a pas l'habitude...

— Si je savais de quoi il s'agit, je vous aiderais ; mais comme je ne m'en doute pas...

— Mon Dieu ! il me semble pourtant que ça ne peut pas vous fâcher. Tenez, monsieur, voilà ce que mon fils m'a dit ce matin : Ce monsieur qui loge ici se trouve ne plus avoir que quatre sous dans sa poche ; or, un homme comme lui ne peut pas se promener, faire des recherches dans Paris, avec quatre sous ; car on peut avoir besoin d'entrer dans un café, ou de prendre une voiture ; on peut être indisposé enfin, et ce n'est pas avec quatre sous dans sa poche qu'on se tirerait d'affaire... C'est pourquoi, ma mère, tu diras à notre hôte : Tenez, monsieur, voilà vingt francs... en voilà davantage, si vous en voulez plus... c'est une avance que je vous fais... Puisqu'il a vous arriver de l'argent, vous me rendrez celui-ci quand vous toucherez le vôtre ; il ne faut pas vous gêner. Et voilà ce que c'est, monsieur.

Choublanc presse dans les siennes la main de la mère Thibaut. Ce que ces bonnes gens font pour lui le touche au point que des larmes lui en viennent aux yeux. Il se mouche fort longuement, en murmurant :

— En vérité, vous pensez à tout... vous me connaissez à peine, et vous me traitez comme si j'étais votre parent... Il y a même des parents qu'on ne traite pas si bien ! J'accepte, ma chère dame, j'accepte cet argent que vous m'offrez, parce que je suis certain de pouvoir vous le rendre avant peu... Je vous avouerai même que cela me fait grand plaisir ; car lorsqu'on à l'habitude d'avoir toujours son gousset garni... et qu'on le sent vide... cela vous rend tout... timide... tout embarrassé... il semble qu'il vous manque quelque chose... et, en effet, il vous manque quelque chose d'essentiel !... Et lorsqu'on n'est plus dans l'endroit que l'on habite ordinairement, on ne trouverait ni crédit... ni connaissance pour vous offrir sa bourse... Il me semblait déjà hier que l'on voyait sur ma figure que je ne possédais plus que quatre sous... et pourtant c'était le soir... Jugez donc si en plein soleil j'aurais été honteux !

— Alors, monsieur, voilà vingt francs... Est-ce assez ?

— Oui ! oui ! Oh ! je n'ai pas envie de recommencer à faire des folies... Pardon, si, à mon tour, j'ose vous adresser une question... Cela ne vous gêne pas, au moins, de me prêter cela?... c'est que je pourrais me contenter de moins...

— Non, monsieur, n'ayez pas de crainte ! Ce serait bien malheureux si, quand on travaille bien et qu'on a de l'ordre et de l'économie, on n'avait pas toujours un petit magot de côté en cas d'événements.

— Alors, merci mille fois. Je pars, je vais mettre ma lettre à la poste.

— Il y en a une ici tout près, chez l'épicier qui fait le coin de la première rue en descendant au boulevard.

— Et je commencerai ensuite mes recherches ; je m'occuperai de trouver ma femme, qui, à ce qu'on croit, demeure sur le boulevard Beaumarchais.

— Vous la trouverez, monsieur, pardi ! Une femme, c'est plus gros qu'une épingle !

— Oui, mais ça ne s'attache pas si bien... Au revoir, madame.

— Vous savez, monsieur, que si vous voulez partager notre dîner, ou plutôt notre souper, c'est à huit heures que nous nous mettons à table. Hier, par extraordinaire, il en était dix passées ; mais Jacques avait eu des courses à faire pour son patron.

— Merci, madame, mais ne m'attendez pas ; je dînerai probablement en me promenant... Au revoir, petite Louise... embrassons-nous.

— Adieu, monsieur Chou-Rouge !...

— Eh bien ! mademoiselle, qu'est-ce que vous dites donc là?... C'est Choublanc, le nom de monsieur !

— Ne la grondez pas, madame. Eh ! mon Dieu ! pourquoi ne me nommé-je pas en effet Chou-Rouge ?.. peut-être bien qu'alors Éléonore aurait consenti à porter mon nom !... Nous avons des personnes qui aiment mieux le rouge que le blanc.

Choublanc s'est dirigé du côté des boulevards ; là il se dit :

— J'entrerai, s'il le faut, dans toutes les maisons ; je n'en passerai point une seule, car cela pourrait être justement celle où logerait ma femme. Quand j'aurai visité tout un côté du boulevard, j'en ferai autant de l'autre ; cela va long, mais j'ai tout mon temps à moi, rien ne me presse... Je suis venu à Paris pour voir Éléonore, je n'en partirai point sans avoir contemplé son superbe profil... J'y mettrai de l'entêtement.

Et notre voyageur commence ses perquisitions. Au bout de six heures, il n'avait encore été que dans dix maisons ; car les concierges ne sont pas toujours prêts à vous répondre. Lorsque celui-ci était absent, notre Champenois s'introduisait dans une cour ou sous un vestibule et s'arrêtait devant la loge du suisse, parfois occupé avec d'autres personnes, et Choublanc, qui voulait pouvoir causer à son aise, attendait que le portier où la portière eût le temps de l'écouter et de lui répondre.

Lorsqu'il faisait sa demande :

— Est-ce ici que demeure madame Noirville, s'il vous plaît ?

On ne manquait pas de lui répondre :

— Qu'est-ce qu'elle fait, cette dame-là ?

Mais alors, au lieu de dire tout simplement :

— Elle ne fait rien, elle vit de ses rentes.

Choublanc, cédant à sa passion de babiller et de conter ses affaires, commençait par faire le portrait exact de sa femme ; puis il se laissait aller à dire quels liens l'attachaient à elle ; puis, voulant expliquer pourquoi il ne vivait pas avec elle, il commençait l'histoire de son amour pour Éléonore, de son mariage, de ce qui s'en était suivi, si bien qu'il passait souvent plus de trois quarts d'heure chez chaque concierge. Voilà pourquoi à cinq heures du soir M. Choublanc n'avait encore été que dans dix maisons, où il n'avait rien appris touchant sa femme; mais, en revanche, dans chacune de ces maisons-là on connaissait déjà parfaitement l'histoire du Champenois, de son mariage et de tout ce qui s'en était suivi.

— Le boulevard Beaumarchais est-il long? demande Choublanc en sortant de la dixième maison.

— Oui, monsieur, très-long; de ce côté, il va jusqu'au numéro cent deux ou cent quatre.

— Diable! j'en ai pour un bon bout de temps, alors... Après cela, je trouverai peut-être ma femme, sans aller jusqu'au dernier numéro!.. Mais, pour aujourd'hui, en voilà assez... Il est cinq heures, je dois songer à dîner... je ne veux pas dîner chez mes braves hôtes; ils seraient capables de ne point vouloir que je paye ma part du repas, et cela me gênerait... D'ailleurs dîner à huit heures, ça me sort trop de mes habitudes. Auparavant, allons rue de Rivoli, où j'ai déjeuné hier... non pas que je veuille y dîner aujourd'hui... c'est trop cher!.. mais pour savoir si, par hasard, on pourrait m'y donner des nouvelles de ma bourse.

Choublanc se rend rue de Rivoli, il reconnaît le café où l'a mené son ami Ernest. Il entre et expose le motif qui le ramène; mais sa bourse n'a pas été trouvée au café et on ne peut lui en donner aucune nouvelle. Le Champenois se remet en route, retournant du côté des boulevards. Il se dit :

— Je vais aller chez un traiteur à prix fixe; comme cela, je suis certain de ne point dépenser plus que je ne veux; et je ne causerai aucune dépense... et je veux être tout seul à ma table... Oh! désormais, je prendrai toutes mes précautions.

Le Troyen marche d'un pas ferme cette fois; il ne flâne plus devant les boutiques : il arrive boulevard du Temple. Là les restaurants se dessinent de tous côtés; on n'a que l'embarras du choix; il entre dans un établissement où il voit écrit : Dîner à trente-deux sous. Beaucoup de tables sont occupées par plusieurs personnes, mais il en reste encore de libres. Choublanc va se placer à une table et dit au garçon :

— Je veux bien dîner là, mais à condition qu'on ne mettra personne avec moi à cette table.

— Mais, monsieur, nous ne mettons jamais deux couverts à la même table, à moins que les personnes ne soient ensemble et ne le désirent.

— Alors, je serai seul à ma table... vous me le jurez?

— Mais sans doute, monsieur.

— Si vous avez le malheur de m'y mettre quelqu'un, je vous rends votre dîner et je m'en vais! Vous m'avez entendu... je ne sors pas de là.

Le garçon s'éloigne en riant. Cependant la persistance de ce monsieur à vouloir que personne ne dîne près de lui, semble si singulière, qu'on se dit qu'il faut avoir l'œil sur ce particulier auquel on soupçonne de mauvais desseins. Le pauvre Choublanc, qui ne peut pas lever les yeux sans rencontrer ceux du garçon braqués sur lui, se dit :

— Comme on est bien servi dans ces restaurants à prix fixe... Quelle attention on a pour les dîneurs! Je ne puis pas faire un mouvement, prendre mon mouchoir dans ma poche sans qu'un garçon ne vienne vers moi... Ils ont l'air de vouloir deviner mes moindres désirs... Est-ce dîner, pour trente-deux sous!.. Je n'en reviens pas!.. Un potage... trois plats au choix... du dessert, une demi-bouteille de vin et du pain à discrétion!.. C'est magnifique!.. Qu'on vienne donc encore me dire que la vie est chère à Paris! C'est faux! Chez moi, si je voulais faire un pareil dîner, ma cuisinière me dépenserait trois fois autant d'argent! À la vérité, hier, pour déjeuner, j'ai dépensé vingt-cinq fois plus... mais c'était la faute de ce gredin d'Ernest! Quel gouffre que cet homme!..

Comme Choublanc finissait son dessert et s'apprêtait à payer son dîner, un des garçons vient tout effaré dire dans l'oreille de son camarade :

— Il me manque une cuiller.

— Il me manque une cuiller! s'écrie l'autre garçon. Alors c'est ce monsieur qui l'a dérobée... j'en suis sûr... c'est pour ça qu'il tenait tant à dîner seul.

Aussitôt courant à Choublanc, qui déjà se levait de table, le garçon l'arrête en criant :

— Un instant, monsieur, vous ne sortirez pas comme ça... on va vous fouiller d'abord...

— Me fouiller! dit le Champenois ébahi. Et pourquoi me fouiller, s'il vous plaît?.. Est-ce donc la mode à Paris de fouiller les personnes qui dînent chez le traiteur?.. J'ai déjeuné hier rue de Rivoli, et on ne m'a pas fouillé cependant.

— Oh! monsieur... vous faites comme si vous ne compreniez pas... mais nous ne donnons pas dans ces airs d'innocence-là, nous autres!..

— Enfin, pourquoi voulez-vous me fouiller?

— Il manque une cuiller à l'office, et je gage que c'est vous qui l'avez volée...

— Moi! voler une cuiller!.. Ah! par exemple, c'est trop fort... Hier, j'ai été volé de ma tabatière, de ma bourse!.. aujourd'hui, on me prend pour un voleur... Garçon, vous êtes une canaille et pas autre chose...

Pendant que Choublanc parlait, le garçon s'occupait déjà à tâter ses poches, lorsque son camarade revient de l'office en criant :

— La cuiller est retrouvée, Jean... on avait mal compté...

Le garçon s'arrête tout penaud en marmottant des excuses. Choublanc le repousse assez brusquement et va payer au comptoir en disant à la dame qui le tient :

— Voici mes trente-deux sous, madame. Vous comprenez que je ne donnerai rien pour le garçon, et que de plus je me priverai de revenir dîner dans votre restaurant.

— Monsieur, il faut excuser ce garçon... c'est une erreur...

— Je sais parfaitement que c'est une erreur, madame; mais lorsqu'il a cru qu'il lui manquait une cuiller, pourquoi s'est-il aussitôt adressé à moi de préférence à tout autre pour la trouver?..

— Mon Dieu, monsieur, c'est que vous aviez manifesté un si vif désir d'être seul à votre table... cela lui a paru suspect...

— Ah! fort bien... Parce que je craignais, moi, d'être encore volé comme je l'ai été hier, on a supposé que j'étais un filou!.. Décidément les Parisiens ne sont pas plus physionomistes que les provinciaux.

Choublanc est rentré de bonne heure chez ses hôtes du faubourg Saint-Antoine, auxquels il raconte l'emploi de sa journée et l'incident arrivé chez le traiteur.

— Monsieur, dit Jacques, à Paris on est méfiant, on se défie surtout des personnes qui veulent se singulariser, qui ne font pas comme tout le monde; votre recommandation au garçon lui a semblé extraordinaire.

— Mon cher Jacques, quoique je ne sois point un aigle, j'ai assez de bon sens pour penser qu'un homme qui aurait l'intention de voler aurait bien soin, au contraire, de se conduire comme tout le monde pour ne point se faire remarquer. En vérité, à présent, je prendrai bien garde à la manière dont je marcherai dans les rues, de peur qu'on ne me trouve encore quelque chose de suspect.

Le lendemain, M. Choublanc recommence à chercher sa femme sur le boulevard Beaumarchais. Ce jour-là, il ne visite que huit maisons, parce qu'il a affaire à des portières plus bavardes qui sont enchantées d'entendre l'histoire de ce monsieur, et lui demandent toujours de nouveaux détails qu'il n'a garde de refuser. Mais il n'apprend rien qui puisse le mettre sur les traces de sa femme.

Le jour suivant, Choublanc reçoit une réponse de son notaire, qui lui envoie une lettre de crédit jusqu'à la concurrence de cinq mille francs sur un banquier de Paris. Le Champenois se hâte de se rendre chez le banquier; il se fait compter un millier de francs et reprend le chemin du faubourg Saint-Antoine en se disant :

— Je vais rembourser Jacques... Oh! je suis bien certain que ces braves gens ne sont pas inquiets... C'est égal, on ne doit pas conserver une dette lorsqu'on peut la payer... et j'ai été si heureux de rencontrer ce Jacques!... Je voudrais pouvoir leur témoigner ma reconnaissance... Mais comment?... Un cadeau!... ils le refuseraient... cela les fâcherait peut-être... Ah! un cadeau à la petite Louise... Oh! un beau joujou... Oui, on peut toujours donner des joujoux à un enfant sans que cela blesse les parents. Il ne s'agit plus que de savoir quel joujou je vais offrir à cette petite...

Et, tout en cheminant sur les boulevards, M. Choublanc se creuse la tête pour chercher ce qui doit faire le plus de plaisir à un enfant.

Après avoir cherché longtemps sans s'être décidé à rien, il prend le parti d'entrer dans la première boutique de joujoux qu'il aperçoit. Là, c'est différent, il trouve tout charmant.

— Ah! le beau canon!... ah! quel joli canon!... s'écrie Choublanc. Est-ce que cela part?

— Monsieur voit bien qu'il est en bois...

— C'est juste; alors on ne le charge pas à poudre?

— On met dedans une petite balle élastique, et, en tirant ce ressort, cela porte très-bien.

— Puis-je essayer?...

— Oui, monsieur.

Le marchand met une petite balle de peau dans le canon; Choublanc le braque du côté du boulevard en disant :

— Regardez bien, je vise l'arbre en face.

Il vise longtemps, lâche le ressort, et la balle va frapper l'œil droit d'un chien à longues oreilles qui alors était assis paisiblement sur un banc à côté de sa maîtresse, laquelle était en train de lui rattacher un nœud de ruban rose sur la tête.

En recevant la balle sur son œil, le chien se met à japper comme on l'avait battu ; sa maîtresse, vénérable douairière, qui, au lieu de porter son chapeau en arrière, ainsi que c'est la mode maintenant, a posé le sien sur ses yeux comme pour lui servir d'abat-jour, se met à crier aussi haut que son chien en disant :

— Ah ! quelle horreur ! quelle abomination !... on bombarde les chiens maintenant !... Mais le mien est en règle ; il a payé ses dix francs ; il est muselé. . il a sa plaque, comme un portefaix !... Et on le bombarde !... Pauvre Mémer !... il a reçu une balle dans l'œil !... C'est infâme !... Je demande qu'on arrête l'assassin !...

Les cris de cette dame amassent du monde ; il n'en faut pas tant à Paris pour faire arrêter les badauds, les flâneurs et les curieux. Le chien continue d'aboyer, comme pour accompagner sa maîtresse. Pendant ce temps, Choublanc, effrayé des résultats du coup de canon qu'il vient de tirer, est allé se cacher derrière un énorme polichinelle ; mais le marchand, qui ne voit rien que de risible dans cet accident, et s'efforce de la calmer en lui disant :

— Votre chien ne peut pas être blessé, madame ; le petit canon de bois qu'on a fait partir ne contenait qu'une balle élastique...

— Pas blessé, monsieur ? mais regardez son œil, et voyez comme il pleure...

— Le gauche pleure autant ! dit un gamin : c'est un vieux chien chassieux !...

— Vous mentez, insolent !... c'est le chagrin... c'est la douleur qui fait pleurer Mémer... Enfin, monsieur, quelle est cette idée de tirer des canons sur le boulevard ?... C'est vous qui vous amusez à cela ?

— Non, madame, c'est un monsieur qui est entré dans ma boutique, et qui essayait ce joujou...

— Vous allez me donner un verre d'eau, monsieur...

— Oh ! volontiers, madame...

— Ce n'est pas pour moi, mais c'est pour bassiner l'œil de cette pauvre victime.

La vieille dame suit le marchand en prenant son chien sous son bras, et dit en entrant dans la boutique :

— Quel est donc l'imbécile qui jouait avec un canon ?

Choublanc juge alors convenable de sortir de derrière le polichinelle, en disant d'un air contrit :

— C'est moi, madame, qui ai commis cette maladresse... j'en suis d'autant plus désolé, qu'en vérité votre chien est charmant... je n'ai rarement vu d'aussi belles oreilles.

Ce compliment adoucit l'humeur de cette dame, qui répond en cessant de crier :

— N'est-ce pas, monsieur, qu'il est bien joli ?

— Ravissant, madame.

— Au reste, c'est de famille, monsieur... Son père avait une tache de feu sur le front ; c'était magnifique !... Pauvre Mémer !... si je l'avais pas fait vacciner, il vivrait encore !...

— Ah ! il s'appelait Mémer ?...

— Comme celui-ci, monsieur. Seulement, pour le distinguer de son enfant, je l'appelais Mémer premier.

— Très-bien ! Alors celui-ci est Mémer deux ?

— Oui, monsieur.

— Il en est bien capable !

— Madame, voici votre verre d'eau.

La maîtresse de Mémer bassine avec soin l'œil de son chien ; puis elle se décide enfin à quitter la boutique, en engageant de nouveau Choublanc à ne plus essayer des canons sur le boulevard.

— Non, certes, je n'ai pas envie de recommencer ! s'écrie notre Champenois... je ne suis pas heureux à ce jeu-là... Et cependant cet incident m'a rappelé le premier jour où je rencontrai Éléonore... qui poussa de si grands éclats de rire quand j'envoyai une flèche dans la bouche d'un paysan !... Heureux temps !... Je n'étais pas encore son mari... elle ne me fuyait pas...

— Monsieur se décide-t-il à prendre ce petit canon ?

— Oh ! non, je crains que la petite fille pourrait aussi attraper quelque chose avec ; ce serait dangereux.

— Comment ! c'est pour une petite fille que monsieur veut un jouet ?

— Oui, pour une charmante petite fille de quatre ans à peu près...

— En ce cas, ce n'est pas un canon qu'il vous faut ; ce n'est pas là un joujou de demoiselle... il faut laisser cela aux garçons.

— Au fait, je crois que vous avez raison... Si je lui achetais un tambour ?

— Pas davantage, monsieur. . à moins qu'elle ne soit habillée en garçon !

— Que me conseillez-vous donc de lui donner ?

— Eh ! mon Dieu, monsieur, ce qui plaît toujours aux petites filles, une poupée...

— Mais c'est qu'elle en a déjà une... A la vérité, celle qu'elle a n'est guère plus grande que mon petit doigt...

— Cela ne compte pas alors. Achetez une belle poupée en peau, que les enfants habillent et déshabillent ; voilà ce qui les amuse.

— Je crois que vous avez raison... En avez-vous, de ces belles-là ?

— Oui, monsieur, et à choisir... La voulez-vous habillée ou nue ?

— Habillée, monsieur, habillée, c'est plus décent.

Le marchand montre à Choublanc une collection de poupées presque aussi grandes que la petite Louise. Le Champenois les passe en revue. Tout à coup il s'arrête devant l'une d'elles en s'écriant :

— Oh ! voilà qui est prodigieux !... extraordinaire !... c'est frappant de ressemblance !... c'est tout son portrait !...

— C'est le portrait de la petite fille ?

— Non... c'est celui de ma femme !... c'est Éléonore, monsieur... Éléonore dans toute sa fraîcheur !... C'est parlant ! Est-ce qu'on a posé pour cette poupée ?

— Ah ! par exemple ! est-ce qu'on pose pour les poupées ? toutes ces petites têtes-là se font en fabrique, à la douzaine...

— Alors, c'est un hasard bien singulier. Je l'achète, monsieur, c'est celle-là que je veux. Combien est-ce, monsieur ?

— Vingt-cinq francs, monsieur, car elle a des cheveux superbes... et se déshabille entièrement ; si monsieur veut voir ?...

— Non, monsieur... ne la déshabillez pas ! je vous le défends !... Voilà vingt-cinq francs, ce n'est pas trop cher pour avoir l'image d'Éléonore... Enveloppez-la avec soin... Soyez tranquille, je vais guetter une voiture, je ne veux pas aller à pied avec cette poupée... D'ailleurs, je ne suis pas adroit, je pourrais la laisser tomber dans la crotte, et je ne m'en consolerais jamais.

Enfin la poupée est enveloppée ; Choublanc a arrêté un milord ; il y monte, et fait placer à côté de lui la réduction de sa femme, dont il a découvert le visage, afin de pouvoir le contempler pendant le chemin.

Arrivé chez Jacques, le Champenois se présente tenant la poupée dans ses bras avec autant de précaution que s'il portait un enfant. C'est au point que la maman Thibaut fait un saut en arrière en s'écriant :

— Ah ! mon Dieu ! qu'est-ce que c'est que ça ?...

— Une poupée pour ma petite Louise... si vous voulez bien me permettre de la lui offrir.

— C'est une poupée !... Comment ! on fait des poupées de cette taille-là ?... Mais regarde donc, Louise, elle est aussi grande que toi !

L'enfant ouvrait de grands yeux en considérant la poupée, mais sans en approcher : on aurait dit qu'elle en avait peur.

— Eh bien ! Louise, tu ne dis rien. Remercie donc monsieur Choublanc, qui te fait un si beau cadeau... En vérité, monsieur, vous avez fait des folies... c'est trop superbe pour Louise.

— Il n'y a rien de trop beau pour ma petite amie... surtout si cette poupée lui est agréable... Vous plaît-elle, Louise ?

— Oh ! oui, mon ami Choublanc...

— Elle est jolie, n'est-ce pas ?

— Ah ! oui... mais elle a l'air méchant...

Ces paroles de la petite fille arrêtent sur les lèvres de Choublanc ce qu'il allait dire touchant la ressemblance de la poupée avec sa femme.

— Elle est aussi grande que moi ! reprend Louise ; elle ne me battra pas, n'est-ce pas, bonne maman ?

— Par exemple ! c'est toi qui la corrigeras, si elle n'est pas sage.

— Espérons, dit Choublanc, que le plus parfait accord régnera toujours entre vous...

— Oh ! oui... Merci, mon ami Choublanc.

Louise parvient à emporter la belle poupée dans ses bras ; elle la met dans la chambre du fond, puis dit tout bas à sa grand'mère :

— Bonne maman... ma poupée a une plus belle robe que moi ; mais tu pourras bien me la mettre, puisqu'elle est grande comme moi.

— Y penses-tu, Louise ? Comment ! tu voudrais prendre la robe de la poupée ?

— Dame !... je ne veux pas qu'elle soit mieux mise que moi... elle serait trop coquette.

Par les soins de Jacques, Choublanc trouve dans le faubourg Saint-Antoine un hôtel convenable et modeste où il prend un logement, enchanté d'être près de ceux qui ont été si bons pour lui, et chez lesquels il n'est pas un seul jour sans aller passer quelques heures.

Et chaque fois qu'il a embrassé la petite Louise, Choublanc ne manque pas de lui dire :
— Et la belle poupée n'a pas éprouvé d'accident?... Fais-la-moi donc voir un peu... ça me fera plaisir.

La petite fille s'empresse de satisfaire les désirs de son ami; celui-ci reste alors fort longtemps en contemplation devant l'image d'Éléonore, et Louise dit tout bas à la mère Thibaut :
— Bonne-maman, je t'assure que mon ami Choublanc aime autant que moi jouer à la poupée !

XII

UN CAFÉ CHANTANT

Tous ses arrangements étant terminés et Choublanc s'étant fait faire à Paris un habit bleu clair avec lequel il se croit très-fringant, il recommence à entrer dans les maisons du boulevard Beaumarchais et à raconter aux concierges l'histoire de son mariage et sa séparation avec Éléonore.

Il y a huit jours que notre Champenois est à Paris, et il n'a encore obtenu aucun renseignement sur sa femme. Pour varier un peu ses promenades, il est allé ce jour-là dîner dans les environs de la Madeleine, et le soir il se dirige vers les Champs-Élysées.

Bientôt des chants, les accords d'un orchestre, frappent ses oreilles; il va du côté d'où part cette musique; dans une enceinte fermée il voit des tables, beaucoup de personnes assises, des garçons qui servent; puis dans le fond il aperçoit comme un petit théâtre parfaitement éclairé, et sur ce théâtre plusieurs dames habillées comme si elles allaient au bal.

— Il me paraît qu'on joue la comédie en plein air ici, murmure Choublanc en s'arrêtant devant le treillage qui entoure le café, et s'adressant à un petit monsieur qui se trouve à côté de lui.

Ce petit homme, légèrement bossu, mesquinement vêtu et coiffé d'un petit feutre gris, tout plat de forme et court de bords,

Mais regarde-la donc, Louise, elle est aussi grande que toi. — Page 23.

qui lui donne l'air d'un Crispin, sourit à Choublanc en tortillant son nez et sa bouche, et lui répond :
— Ce n'est pas positivement un théâtre, monsieur : c'est ce que l'on nomme aujourd'hui un café chantant... Du reste, on y exécute d'excellente musique, et vous y entendez quelquefois des voix que vous n'entendriez pas à l'Opéra.
— J'en suis persuadé, monsieur. Combien cela coûte-t-il pour entrer là-dedans?
— Rien du tout; on ne paye que sa consommation... mais, par exemple, il faut consommer...
— Cela me semble assez agréable... On a le concert par-dessus le marché alors?
— Oui, monsieur, c'est une prime offerte aux consommateurs. Au reste, vous savez que c'est la mode maintenant. On a des primes pour tout : abonnez-vous à un journal, vous avez une prime; achetez des livres, vous avez une prime; souscrivez à une nouvelle publication, vous avez une prime; prenez plusieurs cachets pour dîner chez un traiteur, vous avez une prime. Il n'y a que pour les enfants qu'on n'en donne pas; j'en ai neuf, moi, monsieur, et sans la moindre prime; mais je ne m'en repens pas; ils font ma gloire; ils sont tous artistes!... comme leur père!

Choublanc écoutait avec complaisance ce petit monsieur, qui ressemblait beaucoup à un singe, et qui cependant était père de neuf enfants !

Le petit homme sourit encore à son voisin et lui dit :
— Est-ce que monsieur a l'intention d'entrer dans ce café?
— Ma foi ! j'en ai l'envie.
— C'est que, si monsieur voulait le permettre, j'entrerais avec lui, et nous pourrions nous associer.
— Nous associer?... Pourquoi faire ?
— Mais pour prendre une bouteille de bière ; car on ne peut pas demander moins, et je vous avouerai qu'une bouteille entière pour moi, c'est trop... je ne suis pas grand buveur ; tandis qu'en la prenant à deux, c'est tout à la fois un agrément et une économie.

Choublanc réfléchit quelques instants ; il craint d'être encore dupe d'un intrigant. Cependant une bouteille de bière à deux n'était point une dépense effrayante, et, lors même qu'il devrait la payer seul, il pense qu'il peut tenter l'aventure. Il se décide donc à saluer le petit monsieur, en lui disant qu'il accepte sa proposition. Celui-ci bondit de plaisir; et, prenant aussitôt le bras de Choublanc, comme s'il le connaissait depuis longtemps, il lui fait franchir l'enceinte et l'entraîne à travers les tables, en lui disant :

— Venez, laissez-moi vous conduire ; je connais les bonnes places ; nous allons nous mettre près du théâtre, nous serons bien mieux pour entendre et pour voir. Justement, ce soir, Evelina chante deux fois ; nous la soutiendrons un peu ; elle n'en a pas besoin, mais les applaudissements, cela ne fait jamais de mal. Quelquefois il ne faut qu'une bonne claque pour entraîner tout un public, car les hommes sont toujours comme les *moutons de Panurge !*... des imitateurs ! pas autre chose !... Tenez, monsieur, plaçons-nous ici, nous y serons fort bien, deux pas de l'orchestre... Alcindor jouera, je crois, plusieurs solos sur sa clarinette ; nous n'en perdrons pas une note.

Choublanc se place à une table avec le petit monsieur, qui, à peine assis, a déjà échangé plusieurs saluts avec des musiciens de l'orchestre. Après avoir demandé une bouteille de bière, le Champenois dit à sa nouvelle connaissance :

— Pardon, monsieur, mais auriez-vous la bonté de me dire ce que c'est que Evelina et Alcindor, dont vous avez parlé tout à l'heure ?

— Evelina, monsieur, c'est ma troisième fille, une chanteuse qui ira loin, qui fera parler d'elle ; elle attaque le *si* comme vous et moi nous attaquerions un *do !*

— Je n'ai jamais rien attaqué, moi, monsieur, pas plus un *do* qu'autre chose.

— Ah ! vous ne chantez pas ; tant pis !... Pour en revenir à Evelina, elle a cinquante mille francs de rente dans son gosier, monsieur... Ce n'est pas encore mûr, mais, quand ce sera développé, tous les directeurs se la disputeront. Je l'attends dans deux ans au Grand-Opéra.

— Et, en attendant, elle chante ici ?

— Oui, pour s'habituer à la scène et au public. Elle chante ce soir une romance plaintive et le grand air de *la Fausse magie* : *Comme un éclair !...* Vous connaissez cela ? *Comme un éclair rapide ?* Ah ! ah ! ah ! ah !...

— Non, je ne connais pas cela, répond Choublanc, tout surpris des éclats de voix que vient de pousser le petit monsieur et qui ont fait retourner tous leurs voisins.

— Monsieur, c'est magnifique !... tout en roulades, depuis le commencement jusqu'à la fin ; c'est un air classique. Voulez-vous

LE CAFÉ CHANTANT.

concourir pour être admis au Conservatoire, il faut chanter : *Comme un éclair !*

— Je n'en doute pas, monsieur.

— Ma fille aînée joue les *Dugazon*. C'est un autre talent que sa sœur... du pathétique, des larmes dans le larynx !... Elle a été deux ans à Perpignan, autant à Montpellier, elle est en ce moment à Angoulême ; mais elle va quitter ; elle a l'intention de pousser jusqu'en Russie.

— Il paraît qu'elle ira loin aussi, celle-là !

— Ma seconde est comédienne jusqu'au bout des doigts ; elle joue les travestis, les *Déjazet*, et, au besoin, les *Grassot !...* Elle pétille de moyens, elle étourdit son public ! C'est au point, monsieur qu'un jour, dans *Chérubin*, de *Figaro*, le public, qui l'idolâtre, l'a sifflée, croyant que ce n'était pas elle.

— Voilà qui est bien flatteur !

— Ma quatrième fille, Flora, se destine à la danse ; elle a tout ce qu'il faut pour y réussir : légère comme une plume, ne peut tenir en place ; elle rebondit continuellement ; ce n'est pas une femme, c'est un ballon ! Je l'ai placée figurante aux Délassements-Comiques, pour qu'elle y prenne l'habitude des quinquets. Enfin, ma plus jeune, qui a huit ans, a débuté dans *Athalie* par le petit *Joas*.

— A Paris ?

— Non, à Elbeuf ; seulement, comme elle bégaie un peu, lorsqu'elle devait dire ce vers :

Aux petits des oiseaux il donne leur pâture...

elle s'est troublée et a dit : *leur pôtée*. Ils sont si méchants en province, qu'ils ont prétendu que cela ne rimait pas. Elle a bien pris sa revanche dans le *Médecin des Enfants !...*

— Que faisait-elle là-dedans ?

— Elle faisait un des enfants malades, et quand le médecin lui a tâté le pouls, elle a tiré sa langue au public, que toute la salle en a frémi !... Voilà pour mes cinq filles. Quant à mes quatre garçons, l'aîné, Alcindor, a un joli talent sur la clarinette. Il est ici, vous l'entendrez tout à l'heure. Il a concouru pour entrer au Théâtre-Lyrique ; et certainement il l'aurait emporté sur ses rivaux, s'il ne s'était pas trouvé enrhumé du cerveau ce jour-là. Il a éternué deux ou trois fois dans sa clarinette ; on a pris cela pour des *couacs*, et son concurrent a eu la place. Le cadet joue du violon. Dans les bals, il fait danser dans la perfection, il enlève, il électrise ses danseurs. Dernièrement, il jouait son galop des *Grenouilles* ; il a eu tant de succès, qu'après le galop les danseurs ont voulu absolument le porter en triomphe, comme jadis M. Musard à l'Opéra. Malheureusement, ces imbéciles-là l'ont laissé tomber. Il s'est démis un pied, et depuis ce temps-là il boite toujours... mais cela n'empêche pas de jouer du violon, seulement, il ne se laisse plus porter en triomphe. Le troisième est comédien; il joue les grimes, les Cassandre... et il peut se flatter de tenir cet emploi comme personne ne l'a tenu... C'est le premier grime de l'univers... J'ai entendu quelquefois citer avec éloge un certain *baron Grimm*... mais cela ne pouvait pas approcher de mon fils!... Du reste, c'est bien à moi qu'il doit son talent. J'avais remarqué, lorsqu'il était tout petit, ses dispositions à grimacer, et à l'âge de neuf ans je lui faisais déjà porter un faux toupet.

— Ah! mon Dieu! et dans quel but?
— Pour l'habituer aux perruques. Cela m'a si bien réussi, qu'aujourd'hui, quoiqu'il n'ait encore que vingt ans, vous lui en donneriez cinquante.
— C'est bien agréable pour lui.
— Quant au plus jeune... oh! c'est un espiègle, un petit farceur!... il veut jouer la pantomime, il a de grandes dispositions pour les pierrots. Je le laisse aller, les pierrots ont la vogue dans ce moment; on en veut dans tout et partout. On m'a assuré qu'on allait bâtir un nouveau théâtre qui pourrait contenir vingt mille spectateurs, mais où le public ne sera admis qu'habillé en pierrot.
— En vérité? et les dames aussi.
— Les dames surtout. Monsieur, je vous ai fait connaître ma famille, c'était bien naturel; elle me donne assez de satisfaction pour que je m'en glorifie. Il me reste à vous dire qui je suis. Je présume que mon nom ne vous est pas inconnu. Je suis *Belamour!*...
— Vous êtes Belamour? J'avoue que je ne m'en serais pas douté, d'autant plus que je ne sais pas ce que c'est que Belamour.

Le petit singe tortilla son nez et sa bouche d'une façon assez désagréable et reprend :
— Vous n'êtes donc pas un amateur de spectacle, un habitué des théâtres, monsieur?
— Non, j'arrive de Troyes, où l'on s'occupe plus d'andouillettes que de chant. Ça ne fait pas si bien dans un concert, mais cela fait beaucoup mieux sur une table.
— Alors je comprends que mon nom ne soit pas arrivé à vos oreilles. Je suis un des premiers *barytons* de l'Europe.
— Monsieur, vous allez me trouver bien ignorant, mais je vous avouerai que je ne sais pas ce que c'est qu'un baryton.
— Monsieur, je vais vous l'expliquer, et vous allez me comprendre tout de suite : Un baryton, c'est un artiste qui peut chanter également bien *Jeannot* et le *Déserteur*, *Blondel* du *Richard* et l'air des *Fraises*. Y êtes-vous à présent?

Choublanc ne comprend rien à cette explication; mais il se hâte de répondre :
— J'y suis, monsieur, j'y suis même bien assez. Alors vous êtes attaché au Grand-Opéra?
— Eh! mon Dieu non, monsieur, je n'y suis pas encore. Certainement j'arriverai par y arriver, ça ne peut pas me manquer!... Quand Barroilhet a quitté, on m'a dit présenté. On m'a dit : Vous venez trop tôt. Quand Duprez s'est retiré, je me suis représenté, on m'a dit : Vous venez trop tard. Depuis ce temps-là je me présente plus... j'attends qu'on m'avertisse. Ah! monsieur, il y a tant d'intrigues au théâtre!... tant de coteries qui se mettent à califourchon pour vous barrer le chemin quand vous avez du talent!
— Je me suis laissé dire, monsieur, qu'il en était ainsi dans toutes les carrières où l'on voulait se lancer.
— Au théâtre c'est pire qu'ailleurs!... en attendant, j'ai parcouru la province avec succès, j'ose le croire!... Partout j'ai été traité de enfant gâté. A Nice, ils m'ont jeté des oranges, à Pithiviers des croûtes de pâté, à Caen des pommes. On n'a pas l'idée de l'effet que je produisais; c'est au point qu'à Caen, le maire a fait cesser mes représentations, parce que cela faisait par trop renchérir les pommes.
— Et maintenant, où jouez-vous, monsieur?
— Pour l'instant, je suis en vacance... on voulait m'avoir à Saint-Quentin... mais ils prétendaient me faire débuter dans *Jocko*! j'ai refusé... Je ne tiens pas l'emploi des singes! encore s'il y avait eu du chant, mais c'était tout en pantomime... Je leur avais dit : Faites un grand air pour le singe. Ils n'ont pas voulu, sous prétexte que les singes ne chantent pas; comme si au théâtre on était toujours fidèle à la vérité... Monsieur, ma fille est sur le théâtre, vous pouvez la voir d'ici; c'est la seconde à gauche, toilette jaune, des coquelicots dans les cheveux et trois volants à la robe.
— Je l'aperçois, monsieur, elle me paraît très-bien, c'est une blonde...
— Oui entre le blond et le brun. Il y a des personnes qui disent qu'elle est rouge, mais c'est pure méchanceté. Ses cheveux sont acajou verni.

— Elle a une bien jolie toilette, est-ce le café qui les fournit?
— Hélas! non, monsieur, les chanteuses dépensent pour leur toilette juste le double de ce qu'elles gagnent ici.
— Alors, où est leur bénéfice?
— On n'a jamais pu savoir, monsieur. Ah! silence!... L'orchestre se prépare... c'est une ouverture... vous ferez attention au solo de clarinette. Alcindor ne sait pas que je suis là... c'est dommage, il se surpasserait.

M. Belamour se lève, monte sur ses pointes, agite son bras droit en faisant le télégraphe pour se faire apercevoir de son fils; mais ne pouvant y parvenir, il se rassied en disant :
— Il ne voit que son pupitre, mais il reconnaîtra les claques de son père... elles ne ressemblent pas aux autres.

En disant cela, le petit monsieur sort de sa poche deux petites plaques de tôle qu'il attache à chacune de ses mains, comme s'il mettait des castagnettes.
— Que mettez-vous donc dans vos mains? lui demande Choublanc.
— Ceci est un perfectionnement, c'est de mon invention... Attendez, vous en verrez l'effet tout à l'heure.

L'orchestre joue un thème connu avec des variations pour plusieurs instruments. Quand vient le tour de la clarinette, après un trait assez mal exécuté, M. Alcindor fait un couac horrible; mais aussitôt son père tape dans ses mains et ses deux plaques de tôle rendent un son tellement aigu que tout le monde en est épouvanté, et que chacun cherche d'où peut provenir ce bruit effrayant plus désagréable que des cymbales.
— C'est ce petit homme là-bas qui fait ce bruit-là en applaudissant, dit un consommateur en désignant Belamour.
— Taisez-vous donc, monsieur, vous nous brisez le tympan!
— Messieurs, il me semble qu'il m'est bien permis d'applaudir mon fils qui a un si beau talent sur la clarinette.
— Mais vous avez donc des mains de fer-blanc? car personne ne fait ce bruit-là en applaudissant.
— Avec ça qu'elle a bien joué la clarinette!... merci... j'aime mieux un aveugle!

Le petit homme se penche vers Choublanc en lui disant :
— Jalousie de métier!... pure envie, monsieur : tous ces gens-là voudraient évincer mon fils pour avoir sa place.
— Vous croyez que ces gens-là jouent de la clarinette?...
— Eux ou leurs créatures.

Un gros monsieur entre deux âges, assez joufflu de visage, cravaté en Colin et coiffé d'un chapeau de paille mis fort en arrière, s'approche de la table de ces messieurs et frappe sur l'épaule de M. Belamour.
— Bonjour, cher ami !... Pardieu, j'arrivais... j'ai reconnu ta façon d'applaudir... je me suis dit : Belamour est ici!
— Tiens! c'est toi, Rosenballe!... bonsoir, mon bon... eh mon Dieu! que tu es joli, il ne te manque qu'une houlette pour avoir l'air d'un berger.
— La mieux qu'une houlette! j'ai un bel engagement dans ma poche.
— Ah! tu es engagé!
— Pour Strasbourg... superbe ville, superbe théâtre, superbe troupe!... le grand opéra y efface celui de Paris!... Ah! je vais un peu les enchanter ces bons Strasbourgeois!
— Que joueras-tu là?
— Mais donc! mon poulet, premier ténor léger... les Colin, les Trial... en chef et sans partage!... huit mille francs d'appointements... dix francs de feux et un bénéfice... C'est coquet cela!
— Il ment comme un dentiste! dit Belamour à l'oreille de Choublanc, il n'est pas fichu de gagner plus de quinze cents francs! je connais son tarif!...

Le gros Colin s'assied à la table de ces messieurs, en disant :
— Ma foi, je vais me payer un grog américain! je puis me permettre cela!... (Il chante) :

Il faut céder à ma loi, et comment se défendre!

Zampa n'est pas de mon emploi, mais je le chante aussi... je le tiens assez joliment, j'ose le dire!... Garçon!... ohé, garçon!... et toi, Belamour, tu es donc toujours sans emploi?...

Pauvre petit! qu'il est gentil!
Pauvre petit! qu'il est gentil!
Ah! c'est un honnête homme!...

— Moi, au contraire, j'ai quatre engagements qui me tendent les bras... mais je balance, je ne sais pour lequel me décider... j'ai de la peine à quitter Paris où mes enfants ont tant de succès.
— Qu'est-ce que ton fils avait donc tout à l'heure?... il a barboté dans son trait.
— Il est enrhumé du cerveau, et il a encore éternué dans sa clarinette en finissant... ceci est un accident qui n'ôte rien au talent.
— Garçon!... ha ça mais, ils n'entendent donc pas?

Un garçon arrive enfin et demande à ce monsieur ce qu'il faut lui servir, mais le gros Colin s'est remis à fredonner :

*Conservez bien la paix du cœur,
Disent les mamans aux fillettes !...*

— Votre ami est extrêmement gai !... dit Choublanc à Belamour ; il paraît qu'il chante toujours !
— Dites donc qu'il est assommant... J'espère au moins qu'il me fera le plaisir de se taire quand ma fille chantera : *Comme un éclair !...* Ah ! chut, quelqu'un s'avance sur le théâtre...
— Qu'est-ce qu'il va nous dégoiser, celui-là ? dit M. Rosenballe en se dandinant sur sa chaise.
— C'est un chanteur comique... il va dire une chansonnette... En fait de chanteurs comiques, moi, j'adore *Kelm* et *Levassor*.
— Fichtre ! tu n'es pas dégoûté !... Ah ! si j'avais voulu me donner à ce genre-là !... quel succès j'aurais eu !... Une fois, entre nous, à Lisieux... il n'y avait que neuf personnes dans la salle, je leur ai chanté *le Caissier* ; ils ont tous été malades à force de rire...

*J'avais égaré mon fuseau ;
Je le cherchais sous la fougère !...
Colin en m'ôtant son chapeau...*

— Chut ! chut !
— Silence donc, là-bas !
— C'est insupportable !... il y a un monsieur qui ne fait que chanter.
— Qu'il monte sur le théâtre, alors !...
— J'y monterais si je le voulais ! s'écrie le gros Colin en se levant à demi ; mais vous seriez trop contents, et vous n'avez pas payé assez cher pour que je vous donne ce spectacle... Ah ! voilà mon grog ! c'est bien heureux !
La chansonnette comique est chantée ; le chanteur est très-applaudi par le public ; mais M. Belamour s'abstient de faire aller ses castagnettes, et M. Rosenballe secoue la tête en disant :
— Ce n'est pas cela ! Franchement, je ne suis pas satisfait... cela manque de *vis comica* !... Ah ! si j'avais chanté cela, moi ! vous les auriez vu tous se trémousser sur leurs chaises comme des gens piqués de la tarentule !... Mais tout le monde ne sait pas empoigner son public...

C'est ici que Rose respire !..

— Silence, donc !
— Est-ce qu'il va recommencer, ce monsieur ?
— Ah ! que vous m'embêtez tous ! murmure le Colin en se hâtant d'avaler son grog et de payer le garçon.
— Est-ce que tu vas t'en aller ? dit M. Belamour à son collègue. Attends un peu ; ma fille Evelina va chanter le grand air de *la Fausse Magie* : *Comme un éclair !...*
— Alors, je vais revenir ; j'ai deux mots à dire à quelqu'un qui passe... je reviens à l'instant.
M. Rosenballe est parti. Une des jeunes femmes, en belle toilette, vient sur le devant de la scène et chante une romance avec goût et sentiment. Choublanc, enchanté, se met à applaudir ; mais le petit homme lui saisit le bras en lui disant :
— Qu'est-ce que vous faites donc ?
— Vous le voyez bien, j'applaudis.
— Mais vous vous trompez, ce n'est pas ma fille.
— Qu'est-ce que cela fait ?... Cette jeune personne a très-bien chanté... elle m'a fait plaisir, je l'applaudis. Pourquoi n'en faites-vous pas autant ?
— Je ne claque que ma famille ; je n'ai pas besoin de faire les affaires des autres.
Après un autre morceau d'orchestre, la demoiselle habillée en jaune, avec des coquelicots dans les cheveux, se dirige vers l'avant-scène.
M. Belamour se lève, et monte sur sa chaise en disant :
— Voilà ma fille !
Puis il donne deux ou trois coups de cymbales avec ses mains, ce qui fait crier deux enfants et aboyer un chien.
Choublanc aperçoit alors que mademoiselle Evelina boite en marchant, et il dit à Belamour :
— Est-ce qu'on a aussi porté mademoiselle votre fille en triomphe, comme son frère ?
— Pas encore. Pourquoi cela ?
— C'est qu'elle paraît ne pas marcher également.
— Oh ! ceci n'est rien... c'est un genre qu'elle se donne... pour se rendre intéressante. Chut !... attention !... c'est son grand air... Ne perdez pas une note !
La fille de Belamour attaque l'air de *la Fausse Magie* d'abord avec assez de bonheur ; mais bientôt quelques notes fausses se font entendre ; le public murmure ; la chanteuse veut réparer cet échec et se lançant dans des roulades qui n'en finissent plus et que M. son père accompagne souvent de ses cymbales ; mais les roulades ne sont pas heureuses, la voix s'enroue, la chanteuse fausse plus que jamais, et son air se termine au milieu de bruits qui n'ont rien de flatteur, bien que le petit homme fasse son possible pour couvrir tout cela avec ses claques métalliques.
M. Rosenballe arrivait comme tout cela finissait.
— Eh bien ! demanda le gros Colin à Belamour, a-t-elle chanté comme un éclair ?
— Non, répond un monsieur assis à deux pas, elle a chanté comme un cochon !
— Vous en êtes un autre ! s'écrie Belamour en se précipitant sur le consommateur le poing levé. Mais Choublanc s'élance pour empêcher une querelle, et il reçoit dans l'œil gauche le coup destiné à ce monsieur, qui avait exprimé une opinion si prononcée sur le chant de mademoiselle Evelina.

XIII

LES PETITES STATUETTES EN PLÂTRE

Choublanc a jeté un cri en portant la main à son œil ; Belamour se confond en excuses en s'écriant :
— Vous savez que ce n'est pas à vous qu'il était destiné ; c'est à ce monsieur, qui s'est permis de tenir un propos grossier sur Evelina, et qui rit encore dans ce moment, le manant !... Laissez-moi l'assommer !
— Ce n'est plus moi qui vous en empêcherai, dit Choublanc ; j'en ai assez comme cela.
Mais le gros Colin force le petit homme à rester à sa place, en lui disant :
— Voyons, Belamour, pas de scandale !... pas de batteries !... c'est très-mauvais genre, d'abord... Tu es terrible, en vérité !... C'est une poudrière que ce petit homme... il s'enlève comme une omelette soufflée !...
— Si on disait que ta fille a chanté comme... l'animal qu'il a nommé... est-ce que tu prendrais cela en riant, toi ?
— On ne dira jamais cela de ma fille, vu que je n'ai pas d'enfant ; je n'ai pas procréé le moindre petit moutard... Je ne puis chanter comme toi :

Où peut-on être mieux qu'au sein de sa famille ?...

Ensuite, ce particulier goguenard, car il a l'air goguenard, ne se doutait pas, sans doute, que tu étais le père de la cantatrice... Mais, tiens, ton homme s'en va... Il sent qu'il a eu tort ; il te cède la place.
— Il fait bien... je lui aurais donné un soufflet avec mes plaques !
— Fichtre ! ne fais pas de ces bêtises-là !... Tu es capable de marquer un homme pour le restant de ses jours. Mais il faut que je m'en aille faire mes préparatifs de départ.
— Attends donc, Evelina a une romance magnifique à chanter... elle va prendre sa revanche.
— Non... d'ailleurs il y a des jours où on n'est pas en train et où on ne peut pas prendre sa revanche... Je suis cela, moi, virtuose... Bonsoir, petit... Monsieur ; je vous conseille de vous bassiner l'œil avec de l'eau de cerfeuil, c'est ce qu'il y a de meilleur. Adieu, Belamour ; bonne chance, mon ami !
— Bonsoir ! va te coucher ! murmure le petit baryton lorsque le gros Colin est déjà loin ; je te connais, toi !... tu ne trouves de talent à personne !... Il est jaloux de ma fille, monsieur... parce qu'une fois, dans un concert, elle a eu beaucoup plus d'agrément que lui... Est-ce que votre œil vous cuit ?
— Beaucoup ! vous n'y allez pas de main morte !
— Ah ! que je suis fâché que cela n'ait pas été à son adresse !... Je me ferais hacher pour mes enfants... je suis un vrai pélican, moi, monsieur ; vous ne sauriez croire combien j'ai eu de disputes par rapport à eux.
Depuis quelques instants, Choublanc n'écoutait plus Belamour ; son attention était entièrement absorbée par une dame placée loin de lui, et que des personnes venaient, en se levant, de lui permettre seulement d'apercevoir.
Cette dame lui tourne le dos, elle est mise avec assez d'élégance ; son petit chapeau, placé comme les dames les portent aujourd'hui, n'empêcherait nullement de voir sa figure, si elle se tournait du côté de Choublanc ; mais elle n'en fait rien, et paraît causer avec des personnes de sa société.
Choublanc a senti battre son cœur avec plus de force en considérant le chapeau blanc et rose de cette dame ; son émotion redouble en examinant sa tournure, la manière dont elle porte sa tête, et il se dit :
— Voilà bien le dos... les bras... les épaules... les mouvements de tête d'Éléonore... Plus j'examine cette dame... plus je suis

persuadé que c'est elle... Ah! si elle pouvait se retourner un peu... que je voie seulement le bout de son nez!

— Une fois, monsieur, reprend Belamour, c'était au sujet de ma seconde fille, celle qui tient les *Déjazet*, elle jouait *Indiana et Charlemagne* dans une grange... c'était dans un petit bourg où il n'y avait pas de salle; elle jouait cela par complaisance, au bénéfice du souffleur... qui faisait Charlemagne... Vous savez que dans la pièce la scène est coupée en deux parties : d'un côté on est chez Indiana, de l'autre chez Charlemagne; mais, faute de décorations, on avait fait une longue raie avec du blanc d'Espagne... ça remplaçait la cloison.

— C'est elle, monsieur!... c'est bien elle... j'en suis sûr à présent; elle vient de se retourner.

— Ma fille vient de se retourner?

— Eh! je vous parle de ma femme... que je cherchais à Paris... Tenez, voyez-vous... là-bas, au coin à droite, cette dame de si belle tournure... chapeau blanc et rose?... C'est elle.

— Votre femme?... Est-ce qu'elle chante?

— Chanter! Éléonore!... Non, monsieur... je ne l'ai jamais entendue que crier... Vous ne sauriez croire l'effet que sa présence me produit... J'ai envie de danser... de me trémousser... je ne me sens pas d'aise... je ne pèse pas une once!

— Tout cela parce que vous voyez votre femme?

— Oui, mon cher monsieur...

— Vous m'étonnez beaucoup...

— Je n'y tiens pas... je vais aller lui présenter mes hommages... Ah! malheureux! mais je n'y pensais plus... ce coup de poing que j'ai reçu sur l'œil... cela se voit-il?

— Parfaitement... vous avez l'œil noir comme un pruneau... mais rassurez-vous, dans huit jours ce sera violet.

— Allons, il n'y a pas moyen que je me présente à Éléonore dans cet état!... elle ne voudrait pas me parler... elle ne me rendrait pas mon salut... ou elle me dirait : « Fi! fi! monsieur! osez-vous bien vous montrer en public avec un œil poché! »

— Il paraît qu'elle est aimable, votre femme!

— Je vais me contenter de la regarder de loin... mais, par exemple, je ne la perdrai pas de vue...

— Chut! attention... la voilà qui se dirige vers l'avant-scène.

— Ma femme?

— Eh non! ma fille Évelina; elle va chanter *Enfant, n'y touchez pas!* une délicieuse romance, à laquelle elle ajoute des fioritures qui en font presque un air bouffe!... Écoutez bien!... je suis sûr qu'elle va prendre une fameuse revanche! c'est une gaillarde qui n'a pas peur du tout de son public; quand il n'est pas content, elle lui dit : Zut!

Choublanc ne prêtait aucune attention à ce que lui disait le petit baryton; il ne quittait plus sa femme des yeux, il observait tous ses mouvements.

Mademoiselle Évelina chante assez bien son premier couplet, dans lequel elle n'a pas ajouté d'agrément; Belamour est enchanté, il fait jouer ses castagnettes.

Au second couplet, la chanteuse ajoute un trait qu'elle fait assez mal; le petit homme monte debout sur sa chaise en ajoutant des *Bravo! Bravi! Brava!* à ses claques.

Dans les couplets suivants, mademoiselle Évelina est encore moins heureuse; elle se perd dans des roulades maladroitement ajoutées à l'air; mais Belamour applaudit plus fort, en jetant des regards furibonds sur un monsieur qui s'est permis de dire :

— C'est pitoyable de dénaturer ainsi un air!

— C'est lui qui est pitoyable!... lui qui est dénaturé!... s'écrie le petit homme en se démenant toujours debout sur sa chaise. Je parierais qu'il n'a pas de chaussettes, ce monsieur-là... qu'il le chante donc, lui, cet air-là... qu'il ose le chanter... qu'il monte sur le théâtre... qu'il...

Belamour n'achève pas la phrase, parce qu'il vient de s'apercevoir que Choublanc n'est plus à sa place.

Celui-ci, voyant sa femme se lever et s'éloigner avec sa société, s'était empressé de se lever aussi, afin de suivre Éléonore. Mais on n'avance pas facilement à travers des tables, des chaises et du monde assis; notre Champenois n'a encore fait que quelques pas, lorsqu'il se sent retenu par son habit; il se retourne et aperçoit le petit Belamour qui le retient par un pan de son vêtement et lui dit avec colère :

— Monsieur, qu'est-ce que cela signifie? nous avons pris une bouteille de bière à nous deux... en pique-nique... chacun sa part, c'est convenu... j'ai payé dix sous pour la bouteille entière... c'est cher; mais c'est le prix ici... Vous m'en devez donc la moitié .. j'attendais toujours que vous me la donnassiez... et au lieu de cela, monsieur file... monsieur s'en va sans tambour ni trompette.

— Eh! monsieur... est-ce que je pensais à votre bière?... Ne me retenez pas, je vous en prie... je veux suivre ma femme... elle s'en va... je la perdrais de vue...

— Laissez-nous donc tranquille! vous la retrouverez toujours votre femme... donnez-moi mes cinq sous.

— Une autre fois... mon Dieu!... je ne la vois plus.

— Comment, une autre fois! et où voulez-vous que j'aille courir après vous?

— Ah! que vous êtes cruel... Tenez, monsieur... prenez et laissez-moi.

— Qu'est-ce que vous me donnez là... une pièce de vingt sous... est-ce que vous vous fichez du monde... me prenez-vous pour un mendiant, que vous voulez me faire cadeau de quinze sous... attendez que je vous rende...

— Mais je ne peux pas attendre.

— Ah! bon... je n'ai pas de monnaie à présent...

— Donnez-les au garçon, alors...

Choublanc parvient enfin à se débarrasser du petit Belamour, il court, presse le monde, renverse plusieurs chaises, marche sur des pieds, sur des robes, se fait traiter d'imbécile, de maladroit, mais va toujours son chemin.

Il arrive à la sortie par où sa femme a disparu; il regarde à droite, à gauche, il fait en courant trente pas d'un côté, puis trente pas d'un autre et finit enfin par se cogner contre un arbre auquel il demande excuse, se figurant qu'il vient de se jeter sur un passant.

— Je ne la vois plus!... je ne l'aperçois plus!... se dit le pauvre mari en regardant d'un air désespéré autour de lui; mais le soir, dans les Champs-Élysées, on ne voit pas bien loin devant soi.

Il se décide à continuer d'aller en avant et il se met à marcher très vite, espérant de cette façon parvenir à rejoindre sa femme.

Choublanc trotte depuis plus de dix minutes et il se dit :

— C'est singulier, ces Champs-Élysées n'en finissent pas... je ne puis parvenir à atteindre la place de la Concorde... Quand je suis entré sous les arbres, en arrivant, je ne croyais pas avoir été si loin... pour arriver à ce café chantant. Il est vrai qu'alors je ne cherchais personne... je flânais, je ne faisais pas attention au chemin. Du courage... il faudra bien que j'en sorte de ces Champs-Élysées. Ah! j'aperçois quelque chose de grandiose devant moi, ce doit être l'obélisque.

— Je le crois bien, vous lui tournez le dos, lui dit un commis.

— Il serait impossible... alors, si je passe la barrière...

— Vous irez au bois de Boulogne ou à Neuilly.

— Sapristi! je me suis trompé de côté, je ne m'étonne plus si je n'ai pas rattrapé ma femme... Décidément, je n'ai pas de chance... Alors, pour revenir sur les boulevards?

— Retournez sur vos pas et allez tout droit.

— Infiniment obligé, messieurs.

Choublanc se remet en marche, mais il va doucement cette fois. Au bout de trois quarts d'heure il se retrouve devant l'obélisque; mais il sent bien qu'il faut qu'il renonce à l'espoir de rejoindre sa femme, et il est plus de minuit lorsque, harassé, désespéré, il rentre à son logement du faubourg Saint-Antoine.

— Maudit petit chanteur! se dit Choublanc, c'est lui qui est cause que j'ai perdu de vue Éléonore... sans lui, je la suivais de loin, mais je connaissais son domicile, et demain je me présentais chez elle, avec un bandeau noir sur l'œil gauche... cela m'aurait donné un air intéressant... j'aurais dit que c'était les suites d'un duel! N'importe, ma femme est retournée à Paris, j'en suis sûr maintenant... Je la retrouverai, et ce M. Belamour ne sera pas toujours là pour me barrer le passage!

Le lendemain de cette aventure, Choublanc, qui a mis un bandeau noir sur son œil, pour cacher les effets du coup de poing qu'il a reçu la veille, recommence ses recherches sur le boulevard Beaumarchais, et il n'était pas plus avancé, lorsqu'en sortant d'une maison il aperçoit à environ soixante pas devant lui le joli chapeau blanc et rose qu'il a remarqué la veille sur la tête de sa femme.

Choublanc est si content qu'il sent ses jambes trembler sous lui. Cependant il ne perd pas de vue le chapeau qui est sur la tête d'une dame arrêtée sur le boulevard en train de causer avec une autre. Il ne peut voir cette dame qu'imparfaitement, mais c'est bien celle de la veille : même toilette, même taille, même manière fière de porter sa tête; la personne lui semble être un peu plus forte de corpulence que sa femme, mais depuis plus de deux ans qu'il ne l'a vue, celle-ci a pu engraisser, elle montrait déjà des dispositions à prendre de l'embonpoint.

Choublanc s'est arrêté tout ému, tout tremblant déjà d'espoir et de plaisir; plus il examine cette dame, et plus il demeure persuadé que c'est Éléonore qu'il vient encore de retrouver.

Tout à coup, la dame, en changeant de position, tourne la tête et regarde justement de son côté.

Cette fois M. Choublanc ne conserve plus le moindre doute, c'est bien sa femme qui est arrêtée là.

Aussitôt s'élançant comme un cerf, il court de son côté... mais dans sa précipitation, dans son ardeur à voler près de sa femme, le Champenois ne fait pas attention aux personnes qui sont devant lui.

Un de ces enfants du Piémont qui vendent des statuettes en plâtre venait positivement devant M. Choublanc, portant en équilibre sur sa tête une grande planche sur laquelle étaient toutes ses marchandises. Le petit marchand fait un mouvement de côté pour éviter ce monsieur qui vient vers lui en courant.

Malheureusement, Choublanc fait aussi un biais du même côté, et, au lieu d'éviter la boutique ambulante, il se jette en plein dessus. La planche est renversée, les statuettes tombent sur le bitume et le couvrent de leurs débris, car cette marchandise très-fragile se brise par morceaux en tombant.

Sans s'inquiéter de ce qu'il vient de faire, Choublanc va toujours son train pour rejoindre sa femme... Il va d'autant plus vite, qu'il le voit quitter la personne avec laquelle elle causait et s'éloigner précipitamment.

Mais les cris : « Arrêtez! arrêtez! » se font entendre; bientôt on lui barre le passage, puis on le saisit par le bras, on le retient par le pan de son bel habit bleu clair, en criant de tous côtés à ses oreilles :

— Eh bien! il est sans gêne, celui-là... il brise tout une boutique, et il s'en va comme si de rien n'était !...

— C'est-à-dire qu'il se sauvait... car il courait ferme!

— Monsieur, quand on fait du dégât, il faut le réparer.

— Qui casse les verres les paye, comme dit c't'autre !... C'est tout de même pour les figures de plâtre.

— Qu'est-ce qu'il y a ?... comment? de quoi? demande Choublanc en cherchant à se dégager. Lâchez-moi !... Vous voyez bien que je suis pressé !... Je cours après ma femme... Vous serez cause qu'elle m'échappera encore.

— Ah! elle est bonne, la balançoire... Ce monsieur qui court après sa femme...

— Laissez-moi aller... Je vous promets que je vais revenir.

— On ne donne pas là-dedans... Vous serez libre quand vous aurez payé le dommage que vous avez fait.

— Combien faut-il?... je vais le payer, je ne demande pas mieux... mais lâchez-moi.

— Du tout... Il faut que le petit estime le tort que vous lui avez fait... Venez, monsieur, venez.

Et on ramène près du petit marchand Choublanc, désolé, qui tourne toujours la tête en arrière pour tâcher d'apercevoir encore sa femme.

Le petit Piémontais, qui s'exprimait absolument comme un Savoyard, à genoux devant les débris de ses statuettes et faisait semblant de s'arracher les cheveux en criant :

— Ah! mon Dia!... qu'est-ce qua je deviendrai! je suis ruiné!... Je vas être rossa par mon maîtra!... Mon Dia! tout est brisa!

— Voilà le monsieur qui a renversé la boutique, dit une vieille femme; voyons, petit, pour combien a-t-il cassé?

— Ah! mon Dia! j'avais des chosa superba... D'abord, *Voltaire* et *Rousseau*, en pied.

— Qu'est-ce que cela vaut?

— Quatre francs picça... ce n'est pas trop... Deux petits *Molière* en pied, à deux francs... Ça faisa déjà douza francs...

— Les voilà, dit Choublanc, et qu'on ne me retienne plus...

— Ah ben! elle est bonna! est-ce que vous croya que c'est tout?... Deux *Spartacus* magnifica, à cinq francs.

— Cela me semble bien cher.

— Ce sont des Romains!

— Justement, les Romains ont beaucoup baissé de prix depuis quelque temps...

— Six petits amours à douza sous...

— Des amours à douze sous, ce n'est pas trop cher... Je consens pour les amours.

— Deux Vénus accroupies, à quatre francs.

— Pour des Vénus qui sont accroupies, cela me semble exorbitant.

— Une belle Vénus aux belles... aux belles forma... ensuita, *Paul* et *Virginie* enfants, qui se lavent les pieds... Une *Diane* chasseresse avec son chien... un superbe chien... en terre-neuva.

— Il n'y en avait pas du temps de Diane... ils n'étaient pas inventés, dit un petit monsieur à l'air loustic et qui est venu se joindre aux curieux.

— Si, moussia!... c'était un gros chien comme un bœuf... Et puis una bayadère qui dansait la cachetoucha!

— Est-ce que les bayadères connaissent les danses espagnoles!... Tu es un petit farceur... Vois-tu que tu as affaire à quelqu'un qui est bon enfant... tu te fais une boutique qui n'en finit plus!...

— Si, moussia, j'avais tout cha!... je ne voudrais pas vous trompa!

Choublanc, qui a hâte d'être libre, tire sa bourse en disant :

— Finissons-en... je ne rejoindrai jamais ma femme!... Combien te dois-je en tout?

— Dame, moussia, je me contenterai de quaranta francs...

Le Champenois s'apprête à payer cette somme, lorsqu'un sergent de ville, qui s'était glissé dans la foule, s'avance et lui dit :

— Monsieur, donnez dix francs à ce petit drôle et pas un centime de plus... C'est tout ce que sa boutique peut valoir, et il doit se trouver très-content d'avoir ainsi placé tous ses plâtres.

A l'aspect du sergent de ville, le marchand de statuettes baisse le nez et reçoit les dix francs sans oser répliquer; puis il se met à ramasser les débris de sa boutique : il espère bien en reculer plusieurs.

Quant à Choublanc, libre enfin de s'éloigner, il arrive à l'endroit où était sa femme, mais il n'est pas plus heureux que la veille; il se met à courir sur le boulevard, en ayant soin cette fois de regarder devant lui. Il va ainsi fort loin sans parvenir à retrouver son Éléonore.

Alors, l'œil morne et la tête baissée, il revient sur ses pas en se disant :

— Maudites statuettes !... maudits plâtres! qui m'ont empêché de rejoindre ma femme !... Quel guignon! au moment où je crois être à la fin de mes peines, il m'arrive toujours des accidents qui me séparent d'Éléonore... N'importe, examinons bien les dames qui passent. Je ne me jetterai pas toujours dans un musée de plâtre!

XIV

MADAME CHOUBLANC

Dans une des dernières maisons du boulevard Beaumarchais, lorsqu'il est prêt à changer de nom pour prendre celui de boulevard des Filles-du-Calvaire, une dame vient d'entrer précipitamment; elle a monté trois étages, toujours comme quelqu'un qui craint d'être poursuivi; elle a tiré avec violence le bouton d'une sonnette, et lorsqu'une domestique lui a ouvert la porte, elle entre, pénètre dans son salon, et se jette dans les bras d'un fauteuil en s'écriant :

— Ah! mon Dieu! c'était lui!... Hélas! je n'en suis que trop certaine, c'était lui !...

La dame qui vient de pousser cette exclamation avec un accent dans lequel il y a de la terreur et de la colère, est une personne de quarante-trois ans et qui en paraît davantage grâce à un embonpoint qui a déjà bisé son menton et augmenté sa ceinture de plusieurs centimètres.

Et puis, quoique cette dame ait de beaux traits, un nez parfaitement aquilin, des dents irréprochables et un teint assez frais, sa physionomie n'a jamais été agréable; ses yeux ont une expression fière et dédaigneuse qu'ils perdent rarement; son sourire, lorsque par hasard elle sourit, est plutôt sardonique que gracieux; enfin, il y a dans sa démarche, dans sa tournure, dans tous ses mouvements, une certaine raideur provinciale et prétentieuse dont le séjour de Paris ne l'a point encore débarrassée.

Cette dame est l'épouse de M. Choublanc, cette Éléonore après laquelle il court depuis si longtemps et qui répond si mal à son amour.

Le logement habité par madame Choublanc, ou plutôt madame Noirville, puisqu'elle ne porte plus que ce nom, est situé au troisième étage et donne sur le boulevard; il est petit, mais très-bien distribué et assez grand pour une dame qui vit seule avec une bonne; il est meublé avec goût, avec coquetterie même. En se séparant de son mari, Éléonore n'avait pour vivre que trois mille deux cents francs de rente que lui avait laissés son père; mais une femme qui a de l'ordre, de l'économie, peut très-bien vivre avec ce revenu.

Vous me direz : il y en a auxquelles trente mille francs par an ne suffisent pas et qui font encore des dettes.

Je vous répondrai que tout dépend de la manière de s'en servir.

La plus grande dépense d'Éléonore était le chapitre de la toilette; car, malgré son air fier et dédaigneux, cette dame tenait essentiellement à être toujours belle; mais persuadée qu'elle l'était déjà naturellement, elle ne croyait pas nécessaire d'entamer son capital pour le paraître davantage, et se contentait de dépenser son revenu.

En voyant sa maîtresse revenir avec un air bouleversé et pousser l'exclamation que vous savez, mademoiselle Marinette, sa bonne, grosse fille de cinquante ans, qui est aussi la cuisinière et qui a cependant la prétention de se dire femme de chambre, parce qu'elle se tortille très-élégamment en marchant et porte toujours des nœuds roses sur ses bonnets, mademoiselle Marinette vient se poser devant sa maîtresse avec un poulet qu'elle était en train de vider, en s'écriant à son tour :

— Ah! mon Dieu!... qu'est-il donc arrivé à madame... que madame rentre toute décomposée, qu'elle n'a plus sa magnifique figure de tous les jours?... Est-ce que par hasard dehors on se serait permis d'insulter madame?... Il y a des hommes si *entrepreneurs!*... des hommes capables de tout... Dernièrement, il y en a bien un qui m'a suivie le soir, sur le boulevard, et qui a osé me proposer une chope!... Je lui ai répondu : « Vous en êtes un autre! laissez-moi tranquille, ou je vous livre aux bêtes du Cirque!... » Il a fui comme un tuyau de gaz!

— Non, Marinette, non, je n'ai pas été insultée... Ah! je crois que je l'aurais préférée... Mais un événement bien plus désagréable... une rencontre qui m'a vivement contrariée... M. Choublanc, enfin!... Je viens de l'apercevoir sur le boulevard.

— Le mari de madame?...

— Hélas! oui... le mari qu'un père barbare m'a forcée de prendre... lorsque mon cœur était à un autre... à un autre si digne d'être aimé!... T'ai-je conté cela, Marinette?...

— Je crois bien que madame me l'a conté; mais c'est égal, je l'entendrai encore avec bien de l'agrément... Madame parle si joliment quand elle s'en mêle!...

— Figure-toi, Marinette, un beau jeune homme, grand, bien fait... tournure élégante, tournure de vicomte ou de marquis!...

— Il était noble?

— Non, il aurait pu l'être. C'était un brun... Je n'ai jamais aimé que les bruns... Un homme peut-il plaire quand il n'est pas brun?...

— Madame a bien raison. . C'est comme les huîtres : les brunes sont toujours meilleures.

— Marinette, je vous dispense de ces comparaisons. Il était fils de gens très-bien, qui avaient eu quelque chose avant d'être ruinés, et se nommait Arthur Rosencœur... Le joli nom... Comprends-tu, Marinette, comme j'eusse été fière de porter le nom de Rosencœur?...

— Il est certain que ça fait mieux à l'oreille que Choublanc... c'est plus mignon!

» Arthur avait fait ses études à Paris... de fortes études, lorsqu'il revint dans la ville que j'habitais; je le rencontrai dans une soirée que donnait M. l'adjoint du maire... Il y avait foule, mais je ne vis que lui!... De son côté, il m'avait remarquée... En jouant aux jeux innocents, c'était toujours moi qu'il choisissait pour aller bouder ou faire un bouquet avec lui... Enfin, il ne tarda pas à me faire la déclaration la plus tendre, la plus passionnée, la plus chevaleresque... Je lui dis en rougissant : « Demandez ma main à mon père. » Il la demanda... à ce qu'il me dit... Mon père le refusa pour gendre sous le vil prétexte qu'il n'avait ni argent ni position sociale...

» Une position sociale!... ah! je suis bien persuadée qu'il en a une superbe maintenant!

» Bref, Arthur, piqué de ce refus, me proposa de m'enlever... mais je repoussai ce moyen comme contraire à mes principes... « De la patience, dis-je à Arthur; je vous jure de ne jamais en aimer d'autre que vous. Mon père finira par s'attendrir et céder... »

» Malheureusement, le beau Rosencœur n'avait pas de patience; il partit pour Paris en me disant : « Je vais aller faire fortune dans la capitale; je reviendrai le plus tôt possible la mettre à vos pieds!... »

» Et il s'éloigna en me baisant le bout des doigts.

» Il y avait près d'une année qu'il était parti... Je n'avais pas reçu de ses nouvelles, mais probablement il était en train de faire fortune et ne pensait qu'à moi, lorsque M. Choublanc me vit et me demanda en mariage à mon père... Je refusai d'abord... mais mon père n'était pas doux... il avait résolu ce mariage... Je fus forcée d'obéir.

» Tu sais le reste. Après la mort de mon père, je me séparai de mon mari... Je me retirai à Bar-sur-Seine; mais il venait m'y voir trop souvent!... Je quittai cette ville et me réfugiai en Normandie. Là, M. Choublanc venait moins souvent me voir, mais il venait encore trop! J'allai me séquestrer dans une maison de campagne bien isolée, sise dans un défilé de longueur, éloignée des grandes routes, des chemins de fer, dans les environs de de Beaugency... Je me flattai que M. Choublanc ne viendrait pas m'y relancer... Vain espoir!... Il arrivait, monté sur un âne... couvert de poussière, car son âne le versait toujours en route... Et dans cet équipage, il venait me dire qu'il m'adorait toujours... ne comprenant pas que ses visites m'étaient insupportables!

» Enfin, il y a deux ans environ, je résolus de m'y soustraire en venant me fixer à Paris sans lui donner mon adresse... Depuis que j'habite cette ville, où je n'ai pris à mon service, je me trouvais heureuse, tranquille; je me croyais à l'abri des poursuites de M. Choublanc... La rencontre que je viens de faire a détruit mon bonheur... Si mon mari est venu à Paris, nul doute que ce ne soit dans l'espoir de m'y trouver.

— Mais, madame, êtes-vous bien sûre que c'est votre mari que vous avez aperçu?... Il y a des ressemblances si étonnantes!...

— Oh! je ne saurais m'y tromper... D'ailleurs il est reconnaissable!

— Il est très-laid?

— Non, ce n'est pas qu'il soit bien laid... mais il a l'air si niais!... D'ailleurs, si j'avais pu douter un moment, ce qu'il a fait m'aurait sur-le-champ prouvé son identité. Il n'y a pas au monde d'homme plus maladroit que lui... et tout à l'heure, pour courir après moi, il s'est jeté dans une boutique ambulante... de figures de plâtre... Il a tout renversé, tout brisé... C'est grâce à cet accident que j'ai pu lui échapper, car la foule s'est amassée et on l'a retenu.

— Alors, madame, s'il n'a pu vous suivre, il n'a pas découvert votre demeure?

— Non, il ne l'aura pas découverte aujourd'hui, mais demain, dans quelques jours, il parviendra à me trouver... Il me cherchera dans ce quartier... Ah! je n'oserai plus me mettre à la fenêtre!... Quel supplice!... Cet homme a fait le malheur de ma vie!... Il est cause que je ne suis point madame Arthur Rosencœur!... Décidément je ne veux plus le voir!... Comment faire, Marinette, pour qu'il ne sache pas que je loge ici?... Voyons, trouve un moyen...

— Madame, c'est que j'ai mon poulet à mettre à la broche...

— Et que m'importe ton poulet! Je dînerai plus tard! je ne dînerai pas du tout! mais que je sois à l'abri des recherches de M. Choublanc!...

— Et puis madame aura mal à l'estomac par rapport à son vilain mari. Voyez comme il est gras et blanc, madame... pas votre mari... le poulet... Ce serait bien dommage s'il n'était pas cuit à point.

— Encore une fois, laisse-moi tranquille avec ton poulet.

— Mais j'y songe! sait-il que vous vous appelez à Paris madame Noirville, votre légitime?

— Oui, malheureusement, puisque je n'ai plus porté ce nom depuis que je l'ai quitté!... Ah! Marinette, je ne vois qu'un moyen... Tu vas descendre chez le concierge, tu lui diras : Si un monsieur d'une cinquantaine d'années, vêtu d'un habit bleu clair, vient vous demander si vous avez dans la maison une madame Noirville, répondez-lui que vous ne connaissez pas cela, parce que celui qui vous fera cette question est un particulier amoureux de madame, qui la poursuit partout et qu'elle ne veut plus recevoir...

— Ah! ma fine! c'est une bonne idée, cela... Mais dites donc, madame, si votre mari mettait un autre vêtement, comment le portier ne le reconnaîtrait-il?

— Ceci n'est pas à craindre : quand M. Choublanc voyage, il ne se charge jamais de plusieurs habits. Nous sommes en été, il ne doit pas en avoir d'autres... Cours chez le concierge, Marinette, et mets-lui dans la main cette pièce de quarante sous pour qu'il n'oublie pas ma recommandation.

— Oui, madame... Je mets mon poulet à la broche et puis je descends...

— Je vous dis de descendre tout de suite... sans retard... Votre volaille est moins pressée que moi.

La grosse Marinette se décide à descendre chez le concierge, en tenant toujours contre son sein le poulet prêt à être ficelé, et après avoir transformé la pièce de quarante sous en une de vingt sous, qu'elle prend dans sa poche, elle remplit son message, graisse la patte au portier, lui met le croupion de son poulet sous le nez, pour lui faire sentir comme il est frais, et remonte près de sa maîtresse bien sûre qu'elle peut être tranquille et qu'aucun habit bleu clair n'arrivera jusqu'à elle.

Puis, lorsqu'enfin, se sentant un peu rassurée, la belle Éléonore consent à dîner, tout en servant sa maîtresse, Marinette lui dit :

— Madame, il me semble qu'il y avait un moyen bien plus simple pour que votre mari ne vous *retrouvisse* pas...

— Lequel, Marinette?

— Puisqu'il connaît votre nom de Noirville, il fallait le quitter et en prendre tout de suite un autre...

— J'y avais songé... mais c'est impossible, car alors comment parviendrait-il à me trouver... lui?

— Qu'est-ce que c'est que lui?...

— Quoi! tu ne devines pas?... Lui!... c'est cet homme adoré dont l'image est toujours présente à ma pensée... c'est le seul amour de ma jeunesse... c'est celui que j'ai juré d'aimer sans cesse... c'est Arthur, enfin!...

— A propos, madame, j'avais oublié de vous en demander des nouvelles, de ce monsieur-là. Qu'est-ce qu'il a dit de votre mariage?. Vous l'avez sans doute revu depuis?

— Eh! mon Dieu non, Marinette, je ne l'ai pas revu, je n'en ai jamais entendu parler. Probablement il aura appris que j'étais devenue la femme de M. Choublanc, et dans sa colère il aura juré de ne jamais me revoir... Que dis-je? dans son désespoir il se sera donné la mort peut-être !.. Ah! il en est capable... un homme si distingué !.. Mais enfin, si, comme je l'espère encore, il n'est pas tout à fait mort, il peut s'informer de moi, apprendre que je vis séparée d'avec mon mari... que je porte le nom de Noirville, qui était celui de mon père ; il peut alors me chercher, me retrouver... Oh! oui, quelque chose me dit que je reverrai mon bel Arthur... toujours fidèle... toujours aimant !..

— Ah! madame, si ce monsieur avait voulu vous retrouver, il me semble que depuis vingt ans il aurait eu le temps !..

— Marinette, vous raisonnez comme une grue !.. Connaissez-vous la marche des événements ?.. Savez-vous si M. Arthur Rosencœur a toujours été maître de son temps ?.. s'il n'a pas voyagé ?.. Oh! oui, il doit avoir voyagé... Il aura été bien loin chercher la fortune !..

— En Californie ; c'est le bon endroit.

— En Californie ou ailleurs, quelquefois on ne réussit pas tout de suite dans ses entreprises ; ensuite, il y a le chapitre des accidents, des naufrages !.. Il peut avoir été jeté sur une île déserte, comme Robinson !..

— Il reviendra avec un parapluie, alors?

— Je ne sais pas comment il reviendra, mais je sais qu'il sera toujours le bien-venu, et que le jour où je le reverrai sera le plus beau de ma vie...

— C'est égal, madame, il était bien tendre, n'est-ce pas ?

— Tendre !.. Ah ! il était plus que tendre... il était brûlant !

— Dame ! je l'avais bien fait rôtir des deux côtés !

— De qui parlez-vous, imbécile ?

— Pardi ! du poulet, donc !..

— Ah ! que vous m'agacez, Marinette. Retournez à votre cuisine, je n'ai plus besoin de vous.

Restée seule, Éléonore appuie sa tête sur une de ses mains en se disant : « On ne devrait jamais parler de ses peines de cœur aux gens qui ne sont pas en état de les comprendre !.. Ça leur entre par une oreille et cela sort aussitôt par l'autre. »

XV

CHOUBLANC DANS UN CABINET DE LECTURE

Tout attristé par ce qui lui était arrivé avec les statuettes en plâtre, qu'il attribue au bandeau noir que depuis la veille il porte sur son œil poché, Choublanc se dit :

— Ma femme était hier à un café chantant, il me paraît d'après cela qu'Éléonore se donne de l'agrément, du plaisir, puisqu'elle va dans les cafés où l'on tâche d'imiter les théâtres chantants, mais alors, à plus forte raison, doit-elle aller dans les vrais théâtres, où l'on joue de véritables pièces, chantées par de vrais acteurs qui ont de véritables voix... Je ne veux pas dire par là qu'il n'y a point dans les cafés-concerts quelques personnes qui chantent bien, mais véritablement M. Belamour, avec ses enfants et les claques, n'est pas très tendre d'y retourner. Allons au spectacle, j'y rencontrerai probablement mon épouse : voilà une idée que j'aurais dû avoir plus tôt, mais je la réaliserai dès ce soir. A quel théâtre irai-je ?.. j'avoue que le choix m'embarrasse... Mais Éléonore a beaucoup de goût... elle n'aime que les bons ouvrages, que ceux qui ont la vogue. Entrons lire les journaux dans un cabinet de lecture, je saurai par les journaux quel est le théâtre qui a une pièce en vogue, et j'irai à celui-là.

Choublanc ne tarda pas à trouver un cabinet de lecture ; il demande un journal dans lequel on parle des théâtres, ce qui lui attire un regard dédaigneux d'un petit homme sec et râpé qui ne comprend pas que l'on puisse s'occuper d'autre chose que de politique, et qui s'en est tant occupé depuis qu'il est au monde qu'il en est devenu maigre comme un coucou.

Mais la dame qui tient le cabinet présente un grand journal à Choublanc, en lui indiquant l'endroit où sont les réclames pour les théâtres, et notre Champenois, après s'être assis devant une table couverte d'un tapis vert, se met à lire avec attention.

« Théâtre de l'*Opéra*. Le dernier ballet monté à ce théâtre continue d'attirer la foule, on s'y porte, il faut louer des places à l'avance et n'en a pas qui veut ; c'est un grand succès. »

— Fort bien, se dit Choublanc, c'est alors à l'Opéra que ma femme doit aller, et il faudra que j'aille louer une place d'avance... pourvu que j'en obtienne... Continuons :

« Le théâtre de l'*Opéra-Comique* vient d'obtenir un de ces immenses succès d'un autre époque et d'un autre retentissement. Succès de paroles, succès de musique ; MM. *Scribe* et *Auber* se sont encore surpassés ; il nous faudrait tout citer dans le nouvel opéra si nous voulions nommer les morceaux qui ont enthousiasmé le public. Nous ne croyons pas nous tromper en prédisant plus de cent représentations à ce bel ouvrage. La queue est dès le matin à la location des loges. »

Choublanc interrompt sa lecture en se disant : — Ah ! diable ! il y a aussi un grand succès à l'Opéra-Comique... Je ne sais plus alors auquel je dois donner la préférence... après tout, j'irai aux deux théâtres, c'est ce que j'ai de mieux à faire... Voyons la suite.

« Le *Théâtre Lyrique* fait accourir sur le boulevard du Temple tous les amateurs de musique ; son dernier opéra a eu un succès qui attirera le plus longtemps pendant plusieurs mois ; on ne se lasse pas d'entendre cette riche partition. L'administration avait fait de grands frais pour monter cet ouvrage, mais elle en sera amplement récompensée. Nous lui conseillons maintenant de faire élargir sa caisse, car elle fait des recettes monstres. Il y en a au moins pour cent représentations. »

— Ah ! il y a aussi un Opéra sur le boulevard du Temple... et un fort beau succès également... Il faudra donc que j'aille aux trois théâtres... Suivons.

« Décidément le théâtre du *Gymnase* est en veine de succès, sa dernière comédie va faire accourir tout Paris au boulevard Bonne-Nouvelle. Il y a longtemps que nous n'avions été témoins d'un si beau triomphe, et les auteurs doivent en être fiers. Ils ont du reste été parfaitement secondés par les acteurs, tous les rôles sont admirablement joués ; aussi a-t-on rappelé en masse tous les artistes, et c'était justice. Voilà l'affiche du Gymnase stéréotypée pour trois mois au moins. Nous ne disons pas trop en prédisant plus de cent représentations consécutives à cette charmante comédie. Heureux théâtre, heureux acteurs !.. La foule s'y porte. Hâtez-vous, si vous désirez avoir des places le soir, d'aller en retenir le matin. »

Choublanc se gratte l'oreille et réfléchit : — Voilà qui me met dans l'embarras. Comment, il y a aussi un grand succès au théâtre du Gymnase... d'après ce que je lis, il paraît que l'on y joue une bien jolie comédie... Éléonore avait beaucoup de penchant pour la comédie... c'est peut-être là que je devrais la chercher... je suis fort embarrassé... Lisons encore :

« La troisième représentation de la pièce nouvelle au théâtre du *Vaudeville* a eu le même succès que la première et la seconde. La pièce a été aux nues, et chaque soir les acteurs sont obligés de reparaître pour recevoir encore les témoignages de la satisfaction du public. C'est un grand et légitime succès. Ce vaudeville remplit toutes les conditions du genre : esprit, malice, jolis couplets. Nous félicitons surtout les auteurs d'être revenus aux couplets qui sont le véritable genre du vaudeville : depuis trop longtemps quelques-uns de leurs collègues les ont supprimés de leurs pièces, et franchement celles-ci n'y ont pas gagné. Mais les gens qui n'aiment pas les couplets et affectent de les dédaigner, sont généralement ceux qui ne savent pas en faire. *Désaugiers, Brazier, Merle, Francis, Moreau*, et en remontant plus haut : *Barré, Radet, Piis, Dupaty, Armand Gouffé*, mettaient beaucoup de couplets dans leurs pièces, et c'était véritablement le bon temps du Vaudeville ; depuis qu'on a voulu en faire un théâtre de drame, le public ne sait plus où il est, il n'avait pas l'habitude d'aller au Vaudeville pour frémir et pleurer. La pièce nouvelle a complètement réussi, parce qu'elle nous a rendu l'ancien genre de ce théâtre. Elle aura cent représentations au moins, elle fera les chaleurs de l'été et fera de l'argent encore cet hiver. On assure que toute la salle est louée pour quinze représentations... »

— Ah ça ! mais... mon embarras augmente encore... Voilà le théâtre du Vaudeville qui a aussi son grand succès... de cent représentations... Il me paraît que dans ce moment les auteurs sont en veine... la salle louée pour quinze représentations d'avance... C'est magnifique cela... J'aime beaucoup les vaudevilles, moi... les pièces à couplets... Je suis de l'avis du journal, dit Choublanc en s'adressant au petit monsieur sec qui se trouvait assis près de lui à la table verte. Les couplets, c'est gai... c'est amusant... c'est spirituel... quand on y met de l'esprit... J'ai vu jouer trois fois le *Dîner de Madelon*, à Troyes,... je savais par cœur plusieurs couplets... J'ai vu encore un vaudeville qui m'amusait bien !.. c'était *les Bains à domicile*... je crois que c'est une pièce du théâtre du *Palais-Royal*... Ah ! *les Bains à domicile*, j'y ai ri comme un bossu... et je me rappelle qu'auprès de moi, au spectacle, il y avait un monsieur qui pleurait. D'abord moi, j'ai cru qu'il pleurait à force de rire, cela arrive quelquefois... mais enfin, lorsque j'entendis ce monsieur gémir et pousser des sanglots, voyant que c'était vétablement du chagrin qu'il éprouvait, je ne pus m'empêcher de lui dire :

« — Monsieur, vous me paraissez souffrir, vous avez une rage de dents apparemment ? Il me répondit :

» — Non, monsieur, non, je n'ai jamais mal aux dents...

» — Alors vous ressentez les atteintes d'une colique de *miserere* ?

» — Eh ! non, monsieur, je n'ai pas la moindre colique, je me porte à merveille...

» — Alors, monsieur, vous venez donc d'apprendre une bien triste nouvelle... car je vous vois pleurer et je vous entends gémir...

» — Je n'ai rien appris de neuf, monsieur, depuis que je suis au spectacle...

» — Mais, en ce cas, qui peut donc faire couler vos larmes ?..

» — C'est la pièce, monsieur, la pièce que l'on joue en ce moment...

» — Quoi! monsieur, ce sont *les Bains à domicile* qui vous font pleurer ?.. mais la pièce est d'une gaieté folle... le personnage de *Lacaille*, le vieux séducteur, est très-amusant, son domestique, *Bouriquet*, est à pouffer de rire...

» — Taisez-vous, monsieur, taisez-vous... vous augmentez ma douleur... Vous n'avez donc pas vu jouer cette pièce-là à Paris au théâtre du Palais-Royal?

» — Non, monsieur, je n'ai été que fort peu à Paris...

» — Alors, vous ne savez pas par qui ont été créés les deux rôles que vous venez de citer?

» — Je l'ignore complétement.

» — Ces deux rôles ont été créés : *Lacaille* par *Sainville*, et *Bouriquet* par *Alcide Tousez*... deux acteurs charmants, admirables chacun dans leur genre... Eh bien! monsieur, ces deux artistes sont morts... morts jeunes tous les deux, dans toute la force de leur talent, et en revoyant cette pièce où ils étaient si bons, leur souvenir est venu sur-le-champ se présenter à ma mémoire et mes larmes ont coulé... Voilà, monsieur, le sujet de mon chagrin.

— Ma foi, je vous avoue que tout en trouvant fort justes les regrets de ce monsieur, je pensai à part moi que si au théâtre chacun se mettait à pleurer, en se rappelant un acteur ou une actrice qui n'est plus, ou même un auteur dont on jouerait un ouvrage posthume, car, enfin, si l'on pleure les acteurs, je ne vois pas pourquoi on ne pleurerait pas aussi les auteurs, cela pourrait mener beaucoup trop loin. Lorsque, dans les endroits les plus gais, on verrait des personnes fondre en larmes ou éclater en sanglots, je crois que les pièces y perdraient beaucoup et on s'amuserait infiniment moins au spectacle. N'êtes-vous pas de mon avis?

La planche est renversée, les statuettes tombent. — Page 29.

Le petit monsieur sec auquel Choublanc vient de conter cette anecdote, hausse les épaules en lui répondant :

— Qu'est-ce que cela me fait tout ce que vous venez de me rabâcher là? Je vous écoutais pour savoir où vous en vouliez venir... mais ce n'était pas la peine de m'interrompre dans une lecture intéressante pour me conter de semblables balivernes... Les Chinois sont en pleine révolution, monsieur, voilà ce qui est intéressant !...

— Ma foi, monsieur, je n'ai jamais eu le moindre rapport avec les Chinois, ni le moindre désir d'aller à Pékin; je ne porte pas de nankin, je n'aime pas le thé!... pourquoi voulez-vous que je m'intéresse aux Chinois?

Le petit homme sec se retourne en murmurant entre ses dents : — Quel fossile !...

Choublanc ne saisit pas ce mot et reprend sa lecture du journal.

— Où en étais-je ?... Théâtre du Vaudeville... Ah ! j'ai lu cela ; il y a aussi une pièce à grand succès... poursuivons... *Théâtre de la Porte-Saint-Martin*... Ah ! voyons : « Le théâtre de la Porte-Saint-Martin donnera ce soir son nouveau drame qui fait courir tout Paris. Il y avait longtemps qu'une pièce aussi bien charpentée n'avait été offerte au public. Intérêt puissant et soutenu, scènes émouvantes où la terreur et l'effroi tiennent sans cesse le spectateur en haleine, scènes gracieuses et touchantes qui font venir de douces larmes aux yeux des dames, voilà ce qu'on trouve dans ce bel ouvrage, dont le style correct, élégant, pur et soigné charme les oreilles tout en parlant au cœur. Deux cents représentations ne satisferont pas encore l'avidité des amateurs qui se portent en foule au théâtre de la Porte-Saint-Martin. »

— Ah! fichtre !... il parait qu'ici c'est encore plus fort qu'aux autres théâtres... on promet deux cents représentations à ce drame-là... il faut que ce soit véritablement admirable... A Troyes, quand on a joué une pièce quatre fois, le public en a assez; nous avons même beaucoup de pièces très en vogue à Paris, à ce qu'on nous dit, et qu'on ne joue chez nous qu'une fois... Mon embarras augmente toujours... Où trouver ma femme... qui n'aime que les pièces à succès?... Ma foi, poursuivons, pendant que j'y suis.

« Le *théâtre de l'Ambigu-Comique* vient d'avoir un de ces succès qui font époque : il n'est bruit dans le monde dramatique que du grand drame fantastique donné avant-hier à ce théâtre, et dont le succès a été pyramidal. Nous ne ferons pas l'analyse de cette pièce, car nous voulons laisser aux spectateurs, qui vont se porter en foule pour la voir, le plaisir de la surprise. Nous dirons seulement qu'il est impossible de se figurer rien de plus beau, de plus merveilleux. Cent représentations ne suffiront pas au public avide d'émotions. Succès d'auteurs, succès d'artistes, succès de décors et de mise en scène, voilà quel a été le résultat de la soirée d'avant-hier. Toutes les loges sont louées, dit-on, pour vingt-cinq représentations. »

— Ah! sapristi! quelle ville que ce Paris!... Avoir tant de théâtres, et tous ont la foule!... Décidément, les Parisiens aiment beaucoup le spectacle. Après cela, comment résister au désir de voir de si belles pièces, de si grands succès?—Si j'habitais Paris, je ferais probablement comme les autres, je fréquenterais assidûment les théâtres. Ah! mais, ce n'est pas fini. Lisons.

« Le *théâtre de la Gaîté* vient de donner son nouveau mélodrame en dix-huit tableaux, que l'affiche promettait depuis si longtemps. Le succès a dépassé tout ce que l'administration pouvait espérer; il a été foudroyant. Depuis le premier tableau jusqu'au dernier, on n'a pas cessé d'applaudir avec enthousiasme : c'était du délire, de la fureur. La pièce est habilement conçue, bien charpentée; l'intérêt ne languit pas un moment. Tous les rôles sont beaux, bien tracés, bien écrits. Voilà un ouvrage qui va rester sur l'affiche pendant quatre mois au moins. Après cent représentations, il sera jeune encore et dans toute la force de son succès. Heureux théâtre! heureux directeur! heureux auteurs! heureux artistes!... »

— Décidément, tout le monde est heureux par là; ça me fait plaisir. Je vois que le théâtre de la Gaîté en a comme les autres, pour cent soirées! Mais alors, pour les amateurs de spectacle, pendant cent jours au moins, ou va donner toujours la même chose à chaque théâtre... ce sera bien peu varié... Après tout, c'est leur affaire... Ah! il y en a encore.

« *Théâtre impérial du Cirque.* Accourez tous, amateurs de féeries, de changements à vue, de transformations, de trucs, de costumes éblouissants et variés, de danses, de ballets d'enfer épouvantables, de visions diaboliques, accourez au théâtre impérial du Cirque; la nouvelle féerie surpasse tout ce que l'on a fait dans ce genre. Les fameuses *Pilules du Diable* même, cette féerie modèle, qui, à chaque reprise, avait le privilége d'attirer encore la foule, *les Pilules du Diable* sont dépassées, surpassées! »

LE CABINET DE LECTURE.

on ne saurait se figurer le nombre de changements à vue qui s'exécutent dans la pièce nouvelle ; les yeux ne sont pas un moment en repos ; à chaque instant de nouvelles surprises charment, étonnent, éblouissent le spectateur, qui se croit véritablement dans un séjour habité par des fées. Ajoutons à cela que le dialogue de la pièce est fort gai, fort spirituel et semé de très-jolis couplets. Nous ne croyons pas trop dire en promettant à cette pièce plus de cent cinquante représentations avec salle pleine. Heureux directeur! »

— Ils sont encore très-heureux par-là... On m'avait bien dit qu'en général on était fort heureux à Paris; ceci me prouve qu'on ne m'avait pas trompé... C'est sans doute pour cela qu'on dit toujours qu'il n'y a pas deux Paris... Avec tout cela, cette féerie me semble bien attrayante... J'ai toujours eu un faible pour ces pièces-là... il me semble que c'est assez naturel : quand nous sommes petits, on nous amuse avec des contes de fées; quand nous sommes grands, nous sommes bien aises de voir en action ce qui nous plaisait tant dans notre enfance... il semble que cela nous rajeunisse... que cela nous rappelle nos premières années... Mais je crois que mon épouse n'aimait pas les féeries... elle prétendait que c'était bon pour les enfants... D'après ce que dit le journal, il paraît qu'il y a beaucoup d'enfants à Paris. Mais Éléonore est un esprit fort!... et quoique *Montaigne* prétende que *les esprits forts sont les plus faibles*, celui de ma femme a toujours été trop fort pour moi... C'est dommage!... Mais ce n'est pas encore fini.

« Le joli petit théâtre des *Folies-Nouvelles* vient d'obtenir un magnifique succès avec sa dernière pantomime, dans laquelle... »

— Ah! ma foi, j'en ai assez!... Puisqu'ils sont tous, en ce moment, des succès de vogue, ce n'est pas la peine que je continue... Je suis aussi embarrassé qu'avant d'avoir lu le journal.

Et s'adressant de nouveau au petit bonhomme sec, Choublanc lui dit :

— Monsieur, à quel théâtre me conseillez-vous de donner la préférence en ce moment?

Le petit homme se retourne, regarde son interlocuteur comme s'il voulait le griffer, et s'écrie enfin d'un ton furibond :

— Monsieur, les Américains veulent être libres!

— Eh bien! qu'est-ce que ça me fait à moi, monsieur? Que les Américains soient libres tant qu'ils voudront, je ne les en empêche pas... Je n'ai jamais eu la moindre prétention sur l'Amérique... Si c'est comme ça que vous répondez à ma question, vous êtes encore gentil !... Eh bien! moi aussi, monsieur, je veux être libre!... sapristi! et c'est pour cela que je m'en vais.

Et Choublanc, enfonçant son chapeau sur sa tête, sort du cabinet de lecture, poursuivi par le regard du petit homme, qui lui crie :
— Ils ne seront avant peu, monsieur!
Et auquel il répond :
— Je le suis tout de suite, moi.

XVI

CHOUBLANC A LA PORTE D'UN THÉATRE

— D'après ce que j'ai lu dans le journal, se dit notre Champenois, je ne suis pas renseigné du tout... c'est absolument comme si je demandais à un voyageur : « Monsieur, dans quel pays dois-je me rendre pour voir la ville la plus belle? » — et qu'il me réponde : — Monsieur, toutes les villes que j'ai vues sont superbes, admirables, éblouissantes. Allez où vous voudrez, vous serez enchanté partout... » Je croyais qu'un journal renseignait mieux que cela... Je choisirai donc... au hasard, ce qui est comme si je ne choisissais pas. Mais, partout où j'irai, je suis sûr d'avance de voir une pièce admirable : c'est quelque chose ; et, comme je sais que la foule se porte à tous ces théâtres, pour avoir de la place, j'irai de très-bonne heure, afin d'être à la tête de la queue.

Choublanc se hâte de dîner chez un traiteur, où il ne demande pas à être seul à sa table, de crainte que cela ne lui attire de nouveau quelque fâcheuse affaire. Il prend encore un journal pour savoir à quelle heure commencent les théâtres : la plupart commencent à sept heures et ouvrent à six.

— Très-bien! se dit Choublanc; on ouvre à six; mais, comme il y a foule, pour entrer un des premiers et être sûr d'avoir de la place, il faut que je sois là au moins à cinq heures et demie. Garçon, servez-moi promptement... je vais au spectacle ce soir.
— Vous avez le temps, monsieur, il n'est pas cinq heures.
— Je vous dis, moi, que je n'ai pas trop de temps!...
— Monsieur mangera-t-il du poisson?
— Non, pas de poisson, il y a des arêtes; cela me retarderait.
— Nous avons des poissons sans arêtes, monsieur.
— Alors, donnez-moi de ceux-là... Au fait, donnez-moi ce que vous voudrez, pourvu que je sois servi bien vite.

On apporte à Choublanc son potage, puis ses plats coup sur coup; il se dépêche, il se bourre, il ne fait que tordre et avaler. Après le second plat, il étouffe; il est obligé de se donner un moment de répit.

Au moment où on lui apporte son dessert, Choublanc, qui a toujours les yeux fixés sur une grande pendule placée au fond de la salle, dit au garçon :
— Vous allez bien, n'est-ce pas?...
— Comment, monsieur?
— Je vous demande si cela va bien ici?
— Ah! oui, monsieur; quant à cela, nous n'avons pas à nous plaindre : outre un grand nombre d'habitués, nous avons un courant magnifique, ainsi que vous avez pu le voir...
— Ah ça! que me dites-vous là, garçon? Qu'est-ce que ça me fait à moi que vous ayez un courant ou une courante? Vous ne répondez pas du tout à ma question.
— Monsieur ne m'a donc pas demandé si notre maison allait bien?
— Pas le moins du monde; je vous ai demandé si votre pendule allait bien.
— Ah! pardon, monsieur, j'avais mal compris; nous retardons d'un quart d'heure.
— Vous retardez d'un quart d'heure? Comment, malheureux! et vous ne me le disiez pas! Et vous exposez vos consommateurs à ne plus trouver de place au spectacle, surtout dans ce moment, où il y a d'immenses succès partout!... Ma carte, garçon, ma carte sur-le-champ, que je me sauve...
— Monsieur n'a pas mangé ses fraises...
— Je me moque pas mal de mes fraises!... je préfère être bien placé.
— Monsieur ne prend pas de café?
— Puisque je n'ai pas le temps... Encore une fois, ma carte tout de suite.

On s'empresse de satisfaire le Champenois, qui paye sa carte et sort de chez le traiteur comme s'il courait après un chemin de fer. Il arrive tout en nage sur le boulevard du Temple, devant le théâtre pour lequel il s'est décidé.

Il n'y a pas un chat devant la porte; tout est encore fermé, comme si on faisait relâche.

Choublanc se plante devant l'affiche, la lit depuis le commencement jusqu'à la fin, s'interrompant quelquefois pour regarder autour de lui en murmurant :

— Personne encore!... Je serai un des premiers à la queue... je suis sûr d'avoir une place...

Et il recommence la lecture de l'affiche. Il apprend par cœur le nom des acteurs et des actrices qui jouent dans la pièce, en se disant :

— Comme cela, au moins, je saurai qui je verrai jouer... A la vérité, comme je n'en connais aucun, ça ne me servira pas beaucoup; mais c'est égal, je saurai leur nom... Quand on me demandera : « Avez-vous vu jouer un tel? » je répondrai : « Oui. » « En êtes-vous content? » alors je dirai : « Je ne sais pas quel rôle il faisait, mais je l'ai vu jouer bien positivement. »

Huit minutes s'écoulent; aucun mouvement ne s'est opéré devant le théâtre; Choublanc sait toute l'affiche par cœur; il regarde toujours autour de lui et ne voit venir personne. Étonné d'être encore seul devant la porte, il lui vient tout à coup à la pensée que peut-être toute la salle est louée d'avance, et que c'est pour cette raison que personne ne vient se placer pour avoir des billets. Cette idée jette l'inquiétude dans son esprit.

Cinq minutes se passent. Enfin, la porte du théâtre s'entr'ouvre; un individu en blouse montre son nez, bâille, en appelle un autre, et crie : « Allons-y! »

Ces messieurs sortent du théâtre avec des barrières en bois qu'ils viennent adapter devant l'entrée. L'un d'eux bouscule assez brusquement Choublanc qui s'obstinait à rester à sa place en lui disant :
— Otez-vous donc de là!
— Pourquoi voulez-vous que je m'ôte de là?
— Vous voyez bien que vous me gênez, vous nous empêchez de faire notre besogne. Allons, gare... il y a des affiches plus loin d'ailleurs.
— Permettez, monsieur, je ne me suis pas placé là uniquement pour regarder l'affiche, je viens pour prendre mon billet... pour être un des premiers... Pourquoi voulez-vous que je cède ma place? Si je ne me suis pas donné le temps de manger mes fraises et de prendre mon café, ce n'est pas non plus pour abandonner ensuite ma place au premier qui me la demandera!

Le garçon de théâtre regarde son camarade, ces messieurs se mettent à rire en toisant le Champenois, et chantent :

Qu'il est beau c'monsieur Nicolas!
Ah! ah! ah!... mais qu'il est beau!
Qu'il est beau c'monsieur Nicolas!

Et puis, faisant manœuvrer leur barrière sur Choublanc, celui-ci est obligé de quitter sa place pour ne point recevoir quelques horions. Il se recule de fort mauvaise humeur en se demandant pourquoi on l'a appelé *monsieur Nicolas.*

Cependant les barrières sont placées, les garçons partis, mais la porte du théâtre reste entr'ouverte.

Choublanc comprend qu'il a eu tort de se fâcher contre les garçons; en voyant les barrières entièrement posées, il se dit :
— C'est pour contenir la foule... c'est pour qu'elle puisse entrer avec ordre... et sans donner lieu à des bousculades à la porte du théâtre que l'on met cela... C'est bien vu... Je ne connaissais pas cela... A Troyes, on n'a jamais besoin de poser des barrières... Je ne vois pas encore la foule... mais, puisqu'on a mis des barrières, il faut bien que cela serve à quelque chose... entrons dedans.

Au moment de s'introduire dans une barrière, Choublanc aperçoit des militaires qui se dirigent tout droit vers la porte du théâtre; aussitôt il se met à courir derrière eux en se disant :
— Puisque ces messieurs entrent tout de suite, sans se mettre dans les barrières, je ne vois pas pourquoi je ne ferais pas comme eux... moi, qui attends depuis vingt minutes.

Lorsqu'il est parvenu sous le péristyle de la salle, un monsieur l'arrête en lui disant :
— Qu'est-ce que vous voulez, monsieur?
— Je veux entrer dans la salle.
— De quel droit?
— Comment, de quel droit... est-ce qu'on n'a pas droit, en payant?
— Ah! vous venez pour voir le spectacle, monsieur?
— C'est mon intention, monsieur.
— Attendez; les bureaux ne sont pas ouverts.
— Je croyais qu'on prenait son billet en dedans... Mais pourquoi ces militaires sont-ils entrés, alors?
— Ce sont les pompiers de service; il faut bien qu'ils viennent prendre leur poste.
— Ah! ce sont les pompiers! Tiens, je ne les ai pas reconnus... Excusez, monsieur... Ah! pardon, une question : Croyez-vous que j'aurai de la place?

Le monsieur sourit en répondant :
— J'ose vous en promettre.
— Ah! vous me faites bien plaisir.

Et notre voyageur, sortant de la salle, va de nouveau s'introduire dans les barrières, où il n'y a toujours personne.

Quelques minutes s'écoulent. Cinq ou six femmes, en bonnets ou en chapeaux très-modestes, ayant chacune un panier ou un cabas à leur bras, se dirigent en trottinant vers le théâtre. Elles font comme les militaires, elles prennent l'entrée du milieu, sans s'occuper des barrières, et entrent dans la salle.

Choublanc, qui a vu cela, est très-intrigué; il se dit :

— Encore des personnes qui entrent tout de go !... Cette fois, on ne me dira pas que ce sont des pompiers !... ce n'est pas la peine que je m'emprisionne là-dedans alors... Ah! je regrette bien de ne pas avoir mangé mes fraises... Mais, que vois-je là-bas? plusieurs femmes de la même tournure que celles de tout à l'heure, qui se dirigent encore vers l'entrée du milieu... Elles ont l'air d'entrer là comme chez elles !... Pardieu, il faut que je sache ce que cela veut dire... Elles ont leur billet d'avance, bien sûr.

Et Choublanc, sortant de nouveau de sa barrière, atteint une de ces dames avant qu'elle ne soit encore tout contre le théâtre, et ôte respectueusement son chapeau en lui disant :

— Veuillez m'excuser, madame, si je commets l'indiscrétion de vous arrêter... mais ne vous dirigez-vous pas vers ce théâtre?

— Oui, monsieur, je m'y rends en effet.

— Et vous allez entrer tout de suite par la porte du milieu, comme ont fait ces dames là-bas?... Tenez, en voilà deux qui entrent encore.

— Oui, monsieur, j'entre par là.

— Vous avez donc toutes des places?

— Oh! oui, monsieur, nous sommes toutes placées au théâtre.

— Ah! que vous êtes heureuses, mesdames !... Et bien placées, sans doute?

— Mais, monsieur, cela dépend... nous ne sommes pas toutes aussi bien les unes que les autres. Celles qui sont aux premières loges, à la galerie de face, aux stalles de balcon, celles-là sont très-bien... Dame! c'est ce qu'il y a de meilleur, et cela se comprend.

— Oui, certainement; je comprends qu'aux premières loges de face surtout, on doit être parfaitement; je voudrais bien avoir une place comme cela, moi.

— Ah! on n'en donne pas aux hommes.

— Comment, on n'en donne pas aux hommes!... Êtes-vous sûre de cela?

— Tiens, c'te farce... vous le savez bien aussi.

— Je vous assure que je l'ignorais. Où place-t-on les hommes, alors?

— Au parterre.

— Ah! ils n'ont que le parterre pour eux?

— C'est bien assez.

— Et aux secondes?

— On boulotte, monsieur... mais ça n'est pas gras... et quand on est aux troisièmes... ah! c'est pour le coup qu'on ne fait pas son beurre.

Choublanc, qui commence à ne plus comprendre, se demande pourquoi cette dame veut faire du beurre au spectacle, lorsque celle-ci reprend :

— Heureusement, on ne reste pas toujours au même endroit... il y a un roulement.

— Il y a un roulement au spectacle?

— Sans doute, nous changeons de places; celles des secondes se trouvent à l'orchestre... celles des troisièmes descendent quelquefois aux premières.

— Comment, vous changez de places pendant la pièce?

— Mais non, monsieur... tous les quinze jours.

— Tous les quinze jours !... Pardon, je n'y suis plus du tout... qu'est-ce que vous êtes donc à ce théâtre, madame?

— Ouvreuse de loges, monsieur, à votre service; si vous venez au balcon, je vous placerai bien... Mais excusez, toutes ces dames sont entrées... j'ai peur d'être en retard... votre servante, monsieur.

— Je suis bête à manger du foin! se dit Choublanc lorsque l'ouvreuse l'a quitté. Ce sont les ouvreuses de loges, et je ne l'avais pas deviné !... je ne devine rien !... Ah! mon Dieu! qu'est-ce que c'est que cela!... encore des pompiers !... Non, ce sont des soldats... on pose des sentinelles; cette fois j'ai compris... retournons dans la barrière.

Mais, en se retournant, Choublanc s'aperçoit que, pendant sa conversation avec l'ouvreuse de loges, une douzaine de personnes sont entrées se placer dans la barrière, et se trouveront maintenant avant lui au bureau.

— Ah! bigre, se dit-il, je me suis laissé distancer, on a pris ma place... parce que j'ai fait la sottise de l'abandonner... je ne devais pas quitter mon poste... Allons, je vais me mettre à la suite des autres. Après tout, je ne pense pas que les douze personnes qui sont là devant moi puissent remplir la salle... Oui, mais il y a les places louées d'avance... cette nombreuse location annoncée par le journal... diable!

Pendant que le Champenois se consulte, un homme en paletot, jouissant d'une figure très-commune et d'une tournure analogue, et qui depuis longtemps lorgnait notre provincial, s'approche mystérieusement de lui, et, fourrant presque son nez contre le sien, lui dit tout bas :

— Voulez-vous une bonne place? venez avec moi.

— Comment, vous avez une place à m'offrir... pour le théâtre?

— Certainement, mais chût! faut pas rester là, on est en vue, c'est dangereux... Suivez-moi sans avoir l'air... de confiance !

Choublanc suit le particulier, tout en fredonnant l'air de la Dame Blanche : Quel est donc ce mystère?

Le particulier se dirige du côté d'une de ces colonnes creuses, posées sur les boulevards, dans l'intérêt de la décence, des mœurs et des affiches. Il s'arrête contre une colonne. Le Champenois se dit :

— Si c'est là la place qu'il veut me proposer, bien obligé, je n'ai nulle envie de la prendre; il regarde à droite et à gauche, comme s'il voulait voler la colonne; s'il compte sur moi pour l'aider dans cette opération, il se trompe beaucoup... Voyons cependant... Mais pourquoi cet homme a-t-il l'air d'un conspirateur?... Je n'aime pas cela... d'autant plus que je n'ai jamais aimé les conspirations.

Choublanc rejoint ce monsieur, qui s'obstine à se tenir du côté creux de la colonne, où il fouille dans un vieux portefeuille, absolument comme s'il était devant son bureau, et il y prend un petit papier rose qu'il présente à Choublanc en lui disant :

— Voilà votre affaire! stalle de balcon de face, les meilleures places de la salle; on aurait beau arriver avec quatre chevaux, on ne serait pas mieux placé que vous.

— Vous croyez qu'avec des chevaux on n'est pas mieux?

— C'est une manière de vous dire que vous serez *superifico cocandar!*

— Ah! je serais su... co... candar. Et c'est pour le théâtre en face?

— Certainement !... lisez d'ailleurs.

— En vérité, monsieur, je ne sais comment vous remercier de la politesse que vous me faites, mais... que vous ne connaissez pas... je suis bien sensible... et si jamais vous venez à Troyes...

— C'est pour tout ça, mon ancien, il me faut vingt francs qu'il faut *abouler*, et vivement; allons chaud! chaud!

— Pardon, monsieur, qu'est-ce que vous entendez par *abouler* d'abord?

— *Abouler*, compter, payer; vous ne connaissez donc pas le français? Or, vous dis que vous me devez vingt francs pour le prix de ce billet, voilà... exécutez-vous.

— Ah! vous me vendez ce billet alors?

— Eh ben! de quoi? est-ce que vous avez cru que je me promenais sur le boulevard dans l'espérance de vous voir passer avec votre habit bleu de perruquier? laissez donc, vous ne le voudriez pas... du reste, elle est bonne... oh! elle est bonne... je ne vous en aurais pas cru capable !

Choublanc remet son chapeau sur sa tête, examine le petit papier rose et murmure :

— Vingt francs pour une place, cela me paraît bien cher!

— C'est pas une place, c'est deux; voyez plutôt.

— Mais je n'ai pas besoin de deux places, puisque je suis tout seul.

— Ça ne me regarde pas, menez quelqu'un avec vous. On entre au café, et on a bien vite rencontré un ami.

— Je n'ai pas d'amis au café. J'arrive de Troyes... Ne me vendez qu'une place.

— Impossible, tous mes billets sont de deux; après tout, vous serez à votre aise en ayant deux places qu'une seule.

— Ah! vous croyez... qu'avec deux stalles... je pourrai... ah! oui, en mettant tantôt dans l'une, tantôt dans l'autre.

— Allons, décidez-vous, je n'ai pas le temps de droguer là deux heures.

— Et il y a beaucoup de monde qui a déjà loué des places?

— Je crois bien! un monde affreux! Tenez, voyez, pendant que nous causons, comme la queue grossit; il y en a plus de la moitié de ceux-là qui n'auront pas de place.

— Allons, je me décide; mais j'entrerai tout de suite, par le milieu, comme les ouvreuses et les pompiers?

— Vous entrerez tout de suite, *que je vous dis*... et tenez, c'est ouvert, vous pouvez y entrer déjà.

— Ah! bigre... donnez, donnez... voilà vos vingt francs.

Le marchand de billets empoche son argent et disparaît comme un éclair.

Choublanc, tout fier de posséder un billet de stalles de premières, se dirige vers le théâtre en se tenant comme un tambour-major, oubliant qu'il porte un bandeau sur un œil.

XVII

CHOUBLANC AU SPECTACLE

Le public entrait depuis quelques instants, lorsque Choublanc passe tout fier par la barrière du milieu, qui s'ouvre devant les personnes qui ont leur coupon à la main. Le Champenois s'avance vers le contrôle. Un sergent de ville y arrive en même temps que lui et dit vivement tout bas quelques mots à l'oreille d'un des contrôleurs, qui fait un mouvement de tête en murmurant :
— Ah! très-bien! restez là, s'il vous plaît.
Choublanc présente son billet au contrôle. Celui qui paraît être le chef des employés placés là, s'empare du billet d'un air sévère, l'examine quelque temps, puis dit à Choublanc du ton d'un juge d'instruction :
— De qui tenez-vous ce billet, monsieur?
— De qui je le tiens?
— Oui, qui vous l'a donné?
— On ne me l'a pas donné, je l'ai parbleu bien payé, et assez cher même.., vingt francs... Il est vrai qu'il y a deux places, mais je suis tout seul.
— Monsieur, je vois avec plaisir que vous ne cherchez point à nous tromper; nous savions déjà que vous veniez d'acheter ce billet sur la voie publique, monsieur le sergent de ville venait de nous en avertir.
— Alors, si vous le saviez, pourquoi me l'avez-vous demandé?
— Pour constater le fait. Vous ignorez donc, monsieur, qu'il est défendu d'acheter des billets de faveur?
— Comment! cela est défendu?
— D'ailleurs, monsieur, si vous aviez examiné ce billet, vous auriez vu qu'il provenait de l'administration. Voyez... il y a imprimé ici en bas : *Ce billet ayant été donné ne peut être vendu.*
— Ah! c'est ma foi vrai... je n'avais pas fait attention... celui qui m'a vendu ce billet aurait dû me montrer cela.
— Il s'en serait bien gardé. Vous ne pouvez pas entrer, monsieur... voilà ce qu'on fait de votre billet.
Le contrôleur le déchire et le jette. Choublanc, tout saisi, s'écrie :
— Comment cela, j'en suis pour mes vingt francs?
— Cela vous apprendra à acheter des billets sur la voie publique. Sortez, monsieur, n'embarrassez pas le contrôle.
— Mais, monsieur, permettez, je désire voir la pièce.
— Alors allez prendre un billet au bureau.
— Trouverai-je encore une place, monsieur?
— Oui, monsieur.
Choublanc sort du vestibule. Au moment de prendre son billet au bureau, l'idée lui vient que s'il retrouvait son vendeur, il pourrait le forcer à lui rendre ses vingt francs. Plein de cet espoir, il se dirige vers cette même borne décente où il a acheté son billet. Il avance doucement, croit deviner que quelqu'un est du côté opposé. Il tourne un peu la borne et gagne la chaussée.
Un monsieur est en effet arrêté là, et naturellement on ne peut apercevoir que son dos; mais c'est la même taille, la même couleur de paletot, la même forme de chapeau. Choublanc ne doute pas un instant que ce ne soit son marchand de billet. Il se poste derrière lui et lui frappe sur le dos en criant :
— Si vous croyez que ça se passera comme cela... vous vous trompez... voilà vos vingt francs tout de suite.
Une voix, qui ressemble à celle de Henri Monnier lorsqu'il joue *Monsieur Prudhomme*, sort de la colonne.
— Comment! vingt francs... pourquoi vingt francs? Je ne suis point en contravention, je suis dans mon droit.
— C'est pas vrai! cela n'est pas permis... c'est défendu... c'est imprimé dessus.
— Je n'ai pas vu cela du tout.
— A d'autres, monsieur, à d'autres... cela ne prendra plus; dépêchons-nous, s'il vous plaît, ou je vous fais arrêter.
— Ah! tant pis, mais je ne peux pas aller plus vite.
— Il ne faut pas tant de temps pour fouiller à sa poche et y prendre vingt francs.
— C'est juste, mais je suis très-vexé... que diable! si on ne doit plus s'en servir dans ce but, que compte-t-on en faire? autant vaudrait les démolir.
— On les déchire, cela revient au même.

— On les déchire!... je suis très-vexé... tenez, voilà vos vingt francs.
Et le monsieur passe vingt francs à Choublanc sans retourner la tête. Choublanc met les vingt francs dans sa poche et s'éloigne de quelques pas, puis s'arrête un moment sur le boulevard pour compter encore si on lui a bien réellement rendu ses vingt francs. En ce moment le monsieur, toujours occupé dans la colonne, passe un peu sa tête de côté et examine avec surprise l'individu auquel il vient d'avoir affaire, et qu'il croyait être un inspecteur de police.
Certain d'avoir son compte, Choublanc court au bureau en disant :
— Un billet, s'il vous plaît, un bon billet?
— Mais, monsieur, nous n'avons pas l'habitude d'en donner de mauvais.
— C'est juste, ici ils doivent être bons.
— Quelle place veut monsieur?
— Je veux aller partout.
— Alors, monsieur, prenez une avant-scène des premières, avec cela vous irez où vous voudrez.
— Très-bien.
Choublanc, muni de son billet d'avant-scène, se présente fièrement au contrôle en disant : Voilà qui passera, j'espère?
— Oui, monsieur, oh! parfaitement, et cela vous coûte moins cher.
— Ah! mais vous ne savez pas, j'ai retrouvé mon vendeur, et je me suis fait rendre mes vingt francs.
— En vérité? ma foi, monsieur, vous êtes bien heureux, ordinairement on ne peut jamais retrouver ces gens-là; il était donc resté sur le boulevard?
— Je l'ai pincé là-bas... vous savez... contre une grosse borne, où il était occupé. Il a voulu faire des façons, mais j'ai tenu ferme, et il s'est exécuté.
— Tant mieux pour vous, mais c'est bien étonnant!
Choublanc entre dans la salle et va se placer au parterre, ce qui surprend beaucoup le contrôleur qui reçoit son billet d'avant-scène, mais qui se contente de s'incliner en disant :
— Qui peut plus peut moins!
Le Champenois est très-surpris de voir une salle presque vide. Une vingtaine de personnes sont étalées dans le parterre. Quelques chats ornent la galerie et les loges.
Cependant le rideau se lève.
— On n'est pas encore venu, se dit Choublanc, tout ce que je vois de vide doit être loué... on vient tard. Cherchons ma femme avant que la salle ne soit comble, cela me sera plus facile.
Choublanc regarde de côté et d'autre, veut absolument distinguer du monde dans des loges grillées entièrement vides, et se fait dire à chaque instant :
— Assis!... assis donc, l'homme au bandeau!
— Tenez-vous donc tranquille, monsieur!
— Qu'est-ce qu'il a donc à faire l'ours, cet original-là?
Choublanc ne s'imagine pas que c'est à lui que tout cela s'adresse, il continue de s'asseoir et de se lever comme ces petits bonshommes de bois que l'on sort d'une boîte, jusqu'à ce qu'un monsieur lui frappe sur l'épaule en lui disant :
— Vous êtes invité à vous tenir tranquille ou à sortir!
— Pourquoi donc? qu'y a-t-il encore?
— Il y a que vous empêchez de voir toutes les personnes qui sont derrière vous.
— Il n'y en a pas.
— Ça ne fait rien, vous troublez l'ordre!
— Je cherche ma femme, il faut bien que je regarde si je l'aperçois.
— Alors, mettez-vous dans une loge où vous serez seul, vous pourrez vous y remuer tant que vous voudrez.
— Vous avez raison, au fait, je crois que je serai mieux dans une loge pour plonger sur le public.
Choublanc sort du parterre par une autre porte que celle par où il était entré. Il prend la contremarque que lui présente l'employé et se met à grimper un étage.
Arrivé aux premières loges, il dit à une ouvreuse :
— Ouvrez-moi une loge, s'il vous plaît?
— Voilà, monsieur, voilà... Votre billet?
— Tenez.
L'ouvreuse examine le carton et s'écrie :
— Qu'est-ce que c'est que ça... une contremarque de parterre, le plus souvent que je vous donnerai une loge... vous êtes au parterre, monsieur.
— J'y étais, c'est vrai, mais à présent je veux changer de place... allons, ouvrez-moi une loge!
— Non, monsieur, je ne place pas les billets de parterre aux premières; si vous en avez envie ici, prenez un supplément.
— Qu'est-ce que vous me chantez avec votre supplément... J'ai pris un billet pour aller partout, et quand je veux entrer dans

une loge on me refuse... c'est donc un guêpier que cette administration?
— Monsieur, tout cela ne nous regarde pas, allez vous expliquer au contrôle.
— Oui, certes, je vais y aller au contrôle, et cela ne se passera pas ainsi!

Choublanc descend la tête montée, il s'avance vers le chef du contrôle avec une mine si drôle que celui-ci ne peut s'empêcher de rire en lui disant :
— Est-ce qu'on vous a repris vos vingt francs?
— Non, monsieur, on ne m'a rien repris... Je ne me laisse pas attraper si facilement. Mais vous savez que j'ai pris un billet pour aller partout?
— Je sais que vous avez une avant-scène... Eh bien?
— Eh bien, monsieur, l'ouvreuse ne veut pas m'ouvrir aux premières loges. Elle prétend que ceci n'y va pas...
— Elle a raison, ceci est une contremarque de parterre... Où êtes-vous allé d'abord?
— Au parterre.
— C'est cela, vous serez sorti sans redemander votre premier billet, l'ouvreuse avait raison.
— Comment! raison... mais sapristi...
— Ne criez pas, monsieur, on va vous ouvrir aux premières.
— Ah! c'est bien heureux!

Le chef du contrôle dit à une de ses hommes de monter avec Choublanc. Le placeur dit à l'ouvreuse des premières : — Ouvrez à monsieur.

L'ouvreuse s'empresse d'ouvrir, et Choublanc entre dans la loge en lui disant :
— Vous voyez bien que j'avais le droit d'entrer.
L'ouvreuse s'incline en lui présentant un petit banc.
— Qu'est-ce que c'est que ça?
— Pour mettre vos pieds.
— On est obligé dans les loges de mettre ses pieds sur un petit banc?
— On en prend toujours, on est beaucoup mieux.
— Donnez, alors, donnez.
L'ouvreuse retourne vers ses camarades en disant :
— J'avais vu à sa boule qu'il serait de force à le prendre.

Choublanc s'assied sur le devant de la loge qui est vide et met ses pieds sur le petit banc, ce qui le gêne beaucoup; mais l'ouvreuse lui a dit que c'était l'usage, il croit devoir s'y conformer. Tout en regardant dans la salle, il tâche d'écouter un peu la pièce, à laquelle il ne comprend rien; ce qui l'étonne, c'est que la foule n'arrive pas du tout, et il se dit :
— Mais alors le journal a donc fait erreur en mettant que c'était plein tous les soirs... Cependant un journal ne peut pas mentir... ça ne s'est jamais vu... Si l'on fait cent représentations comme celle-ci... cela ne rapportera pas beaucoup.

Bientôt Choublanc, ennuyé d'avoir les pieds sur un petit banc, se décide à quitter sa loge en disant — je ne suis pas commodément du tout ici... je ne plonge pas assez dans la salle... Allons plus haut.

XVIII

CHOUBLANC CABALEUR.

Et le Champenois sort de sa loge et demande un billet. L'ouvreuse lui demande alors son petit banc.
— Ça se paye donc ces petits machins-là?
— Oui, monsieur... toujours.
— Vous m'aviez dit que cela faisait partie de la place.
— Oui, monsieur, mais on les paye à part...
— Combien est-ce?
— Nous ne taxons pas, c'est à la volonté de la personne.

Choublanc tire un sou de sa poche et le présente à l'ouvreuse qui recule avec un superbe mouvement de fierté en s'écriant:
— Fi donc, monsieur!... nous ne recevons pas un sou!
— Alors, madame, pourquoi me dites-vous que c'est à la volonté de la personne?
Et Choublanc ajoute quatre sous au premier; l'ouvreuse daigne alors les accepter. Il s'éloigne en se disant :
— Une autre fois je saurai que c'est à la volonté de la personne, à condition qu'on ne donnera pas moins de cinq sous.

Il arrive aux troisièmes galeries, ce que l'on nomme vulgairement le Paradis, il donne son billet et pénètre dans la galerie où il trouve une société peu nombreuse, mais mal choisie, et où règne une odeur qui pourrait, au besoin, remplacer l'alcali. Choublanc se promène derrière ces messieurs et ces dames et entend la conversation suivante :

— Ça t'amuse-t-il cette pièce-là, Chalumet?
— Ma foi non, c'est pas assez fort en crimes! en v'là deux fanfarons qui disent toujours : je te vas tuer... je te tuerai... tu ne périras que de ma main... et chaque fois que l'un pourrait tuer l'autre, il va se promener auparavant pour laisser à son ennemi le temps de se sauver... ça m'embête tout ça.

Et le particulier, fourrant deux de ses doigts dans sa bouche, fait entendre un coup de sifflet à effrayer la forêt de Bondy. Choublanc dit à quelqu'un près de lui :
— Qu'est-ce que c'est que ça?
— Dame! c'est ce monsieur qui a perdu son chien apparemment et qui l'appelle!
— Ah! je croyais qu'on ne laissait pas entrer les animaux au spectacle.
— Par exemple! il n'y a que d'ça!
Des cris partent du parterre.
— A bas la cabale! — A bas les siffleurs! — A bas le poulailler!...
— Oui... venez donc vous y frotter... des navets!
— Ah! regardez donc ce monsieur borgne en habit bleu clair. Est-ce qu'il vient nous surveiller celui-là?
— Nous lui pocherons son autre œil... ça fait qu'il ne louchera plus.

Peu satisfait de se voir le point de mire du public de la troisième galerie, Choublanc en sort par une autre porte en se disant :
— Je vois encore moins ici qu'ailleurs... et puis des gens qui amènent leur chien... cela peut être désagréable... redescendons... je crois que c'est au balcon que l'on voit mieux.

Choublanc prend un carton en lui présente, descend deux étages, et dit à l'ouvreuse du balcon en lui présentant sa contremarque :
— Ouvrez-moi, s'il vous plaît, madame.
L'ouvreuse examine le carton, sourit d'un air narquois, et répond :
— Ce n'est pas ici... c'est plus haut.
— Qu'est-ce qui est plus haut?
— Votre place, monsieur.
— Je vais où je veux, madame, j'ai été tout en haut, je m'y suis trouvé fort mal, c'est pourquoi je redescends; ouvrez-moi le balcon, je vous prie...
— Pas avec ce billet-là, monsieur; si vous désirez entrer au balcon, prenez un supplément.
— Sapristi... madame, est-ce que cela va recommencer... est-ce que vous allez me faire comme aux loges... savez-vous que ça commence à m'ennuyer tout cela!...
— Je ne sais pas ce qui vous est arrivé aux loges, monsieur, mais vous ne pouvez pas entrer au balcon avec ce billet-là...
— Ah! corbleu, c'est trop fort!... je vais en bas, madame... je vais me faire rendre justice... elle va monter avec moi, et le contrôle aussi... vous allez voir.

Choublanc arrive tout essoufflé au contrôle en criant :
— C'est toujours à recommencer... on ne veut pas m'ouvrir... ça m'ennuie beaucoup; je fais un métier très-fatigant!
— Et nous aussi, monsieur, cela nous ennuie, dit le premier contrôleur; mais trois spectateurs comme vous suffiraient pour mettre le désordre dans une salle de spectacle.
— Comment! le désordre!... parce que je veux aller au balcon.
— C'est insupportable tout cela. Voyons votre carton... Quoi, monsieur, vous venez de la dernière galerie? que diable alliez-vous faire là?
— J'y allais pour voir... mais je n'y voyais pas.
— Monsieur, est-ce que vous ne pourriez pas vous décider pour la place que vous voulez?
— Voilà une heure que je vous dis que je veux aller au balcon.
— On va vous y conduire, mais tâchez de vous y tenir, monsieur.

Le placeur monte encore avec Choublanc et lui fait ouvrir le balcon. Cette fois notre Champenois se trouve près de personnes qui n'appellent pas leur chien. La société est peu nombreuse, mais elle paraît bien composée. Choublanc se place sur le second rang. Il cherche de nouveau sa femme dans la salle et n'en aperçoit aucune qui lui ressemble. Comme il ne comprend rien à la pièce dont il n'a pas suivi l'intrigue, il dit à un monsieur assis près de lui :
— La foule tarde bien à arriver.
Le monsieur sourit, en répondant :
— Si vous attendez la foule ici ce soir, vous attendrez longtemps, monsieur...
— Mais cependant le journal l'annonçait, en faisant un éloge pompeux de la pièce.
— Si vous prenez à la lettre les réclames des journaux, vous serez bien souvent trompé.

— Diable ! je ne m'y fierai plus alors.

Pour se distraire, Choublanc sort de sa poche une tabatière qu'il a achetée pour remplacer celle qu'on lui a volée. La neuvelle est en buis et bien simple, mais lorsqu'on veut l'ouvrir, elle rend un son criard, absolument semblable à celui d'une petite trompette d'enfant.

Ce bruit fait retourner tout le monde ; les uns rient, les autres murmurent. On crie du parterre : — Silence donc au balcon !... et du paradis : — Faut coucher votre moutard !

Choublanc, qui ne se doute pas que tout cela s'adresse à lui, prend tranquillement sa prise en se disant :

— Et moi qui, sur la foi du journal, ne mange pas mes fraises, ne prends pas mon café... et achète un billet vingt francs ; tout cela dans la crainte de ne point avoir de place... Où en serais-je si je ne m'étais pas fait rendre mes vingt francs... je ne m'en serais pas consolé !... Ah !... tiens, encore des gens dans la salle qui ont perdu leur chien... Il paraît qu'on en a amené beaucoup... ils sont cachés sous les banquettes, apparemment, car je n'en ai aperçu un seul. Décidément, cette pièce manque de gaîté... prenons une prise.

La tabatière est de nouveau sortie de la poche, elle rejoue son petit air de trompette. Tout le monde se retourne, on rit de plus belle, mais on crie du parterre : A la porte ! et à tout ce tapage se joignent encore les sifflets des personnes qui doivent avoir beaucoup de chiens.

Tout à coup, un monsieur du contrôle entre au balcon, et va dire à Choublanc :

— Monsieur, c'est vous qui donnez le signal du tapage ; si vous ne cessez pas, vous êtes prévenu qu'on va vous mettre dehors...

— Qu'est-ce que vous dites ? je donne le signal du tapage, moi... Je ne bouge pas, je ne dis rien. Je n'ai pas amené de chien, je ne siffle pas...

— Oh ! vous faites semblant de ne point comprendre... vous avez apporté avec vous un instrument dont on ne se sert pas dans une salle de spectacle.

— Moi... je n'ai pas apporté le moindre instrument...

— Enfin, monsieur, vous voilà prévenu, ne recommencez pas, ou l'on vous fera sortir...

— Que je ne recommence pas quoi ?...

L'inspecteur est parti. Choublanc marmonne entre ses dents :

— On n'est pas du tout aimable pour le public dans ce théâtre-ci... je ne sais pas ce qu'ils ont après moi... J'ai cependant bien payé mon billet... J'ai des scènes au contrôle... puis avec les ouvreuses... on dit que je donne le signal du tapage... je n'y comprends rien... Ah ! mais... qu'est-ce que je vois donc là-bas... dans une loge grillée... un chapeau blanc et rose... qui ressemble beaucoup au chapeau que porte Éléonore... Ah ! mon Dieu... quel dommage que la grille soit levée... Je ne vois pas la figure de cette dame... si c'était ma femme !... ce chapeau est bien le même... je crois que la personne est avec quelqu'un... un homme !... Sapristi... descendons au parterre, du côté de cette baignoire... Je me tiendrai debout devant... et si c'est Éléonore... je prise la grille... Je me sens capable de lui dire : Bonsoir, madame, je vous présente mes devoirs.

Avant de suivre Choublanc dans cette nouvelle pérégrination, revenons un peu à l'individu auquel il a fait payer vingt francs, et qui est resté à la borne-affiche.

Ce monsieur se nommait Chauffournin, il avait soixante ans ; c'était un ancien employé de la Poste qui ne pouvait plus la courir, et se bornait à se promener tous les soirs sur le boulevard et à faire quelquefois sa partie de domino au café de la Gaîté.

Après être enfin sorti de la colonne, ce monsieur fait quelques tours de boulevard, puis entre à son café habituel. Il s'assied dans un coin, et fait servir une chope.

Bientôt un gros papa arrive, qui va droit à M. Chauffournin, lui dire :

— Qu'est-ce que tu fais donc là, Chauffournin, tout seul dans ton coin, comme un vieux loup?... Pourquoi ne viens-tu pas faire une partie à quatre avec nous ?

— Je ne suis pas en train...

— Est-ce que tu es malade ?

— Non, mais je suis vexé de ce qui vient de m'arriver... Vingt francs que ça me coûte... c'est bigrement cher !...

— A quoi viens-tu donc de dépenser vingt francs ? Tu as fait des folies pour une femme... Tu as envoyé un bouquet à ton actrice de prédilection.

— Laisse-moi donc tranquille... je n'ai jamais acheté un bouquet au-dessus de deux sous. Non !... c'est la nouvelle ordonnance concernant les colonnes là-bas... je ne savais pas... que diable, on devrait prévenir... moi j'y allais de confiance, et il m'a fallu donner vingt francs pour l'amende... c'est dur !...

— Mon ami, je ne comprends pas un mot à ce que tu viens de me dire. Tu as été obligé de payer vingt francs d'amende... Qu'est-ce que tu as donc fait, malheureux?

— J'étais allé me placer à une colonne décente pour satisfaire à une chose bien naturelle.

— Tu t'étais donc mal placé ? tu offensais donc les mœurs?

— Mais pas du tout, je ne suis pas capable de faire de ces choses-là. J'étais comme on doit être, et la preuve c'est que l'inspecteur a même pas vu ma figure ; il m'a frappé sur le dos, en me disant :

— C'est vingt francs... c'est défendu, vous deviez le voir, c'est imprimé dessus. Cependant, en sortant, j'ai examiné la colonne du bas en haut, j'ai lu beaucoup de choses dessus, mais rien qui parlât de cette nouvelle défense.

— Dis donc, Chauffournin, est-ce que tu ne t'amuses pas à me faire poser dans ce moment ?

— Te faire poser ! me moquer de toi !... c'est ce que tu veux dire ?

— Sans doute ; avec ton histoire de colonne où l'on t'a fait payer vingt francs. C'est une plaisanterie !

— Je ne plaisante pas, tonnerre ! je n'en ai pas envie... J'ai payé vingt francs.

— Mais ce n'est pas possible !

Trois ou quatre habitués s'approchent et se font conter ce qui est arrivé à M. Chauffournin.

— Mais, monsieur, s'écrie l'un d'eux, cela ne se peut pas ! je sors d'en prendre, moi, et on ne m'a rien dit.

— C'est que peut-être on ne l'a pas vu.

— Allons donc, mais on ne fait que cela tout le long du boulevard, et on fait à la queue... Il y a beaucoup de sergents de ville qui se promènent, et si cela était défendu, on n'agirait pas ainsi.

— Allons, mon pauvre Chauffournin, tu as été fait, mais ce qui s'appelle parfaitement fait de vingt francs...

— Il serait possible... je me serais laissé filouter !...

— C'est évident, mais le tour est joli !

— Il est très joli, il faut que le voleur ait un fameux toupet !... ah ! ah ! ah ! c'est fort drôle ! Comment, en plein jour, devant des sergents de ville qui passent à chaque instant sur le boulevard... C'est bien hardi !

— Ce doit être un gaillard qui n'en est pas à son coup d'essai !...

— L'as-tu vu, le reconnaîtrais-tu, au moins ?

— Oui, je l'ai examiné après, il ne me voyait pas, il comptait ses vingt francs avec satisfaction.

— Je te crois bien. Quel homme est-ce ?

— Un homme entre deux âges, une bonne figure, ma foi... la tournure d'un bourgeois du Marais... Il portait un habit bleu très-clair... Ah ! il avait aussi un bandeau sur un œil.

— Habit bleu clair, bandeau sur l'œil ! mais je le connais votre voleur... Je n'ai vu que lui ce soir sur le boulevard. Il est arrivé se mettre à la queue ici à côté, avant qu'on n'eût placé les barrières ; il voulait entrer avec les pompiers. Je me disais : Parbleu ! en voilà un Jobard ! il arrive donc de son village celui-là... Et c'était un voleur !... Ma foi, il est difficile de mieux tromper son monde.

— Pourriez-vous me le faire retrouver ?

— Mais je l'ai vu entrer au théâtre à côté... il est capable d'y être encore, puisqu'il est si effronté.

— Oh ! par exemple, s'il y est, je le fais arrêter sur-le-champ... Je vais m'en assurer, je veux rentrer dans mes vingt francs.

Et se levant avec une vivacité dont, depuis longtemps, il n'avait pas donné l'exemple, M. Chauffournin se dirige vers le théâtre dans lequel on lui dit avoir vu entrer son voleur.

Choublanc croyant reconnaître le chapeau de sa femme dans une baignoire, sort brusquement du balcon. Et s'adressant à l'ouvreuse :

— Donnez-moi mon billet avec lequel je vais partout. Je connais la marche maintenant, je ne me laisserai plus donner de mauvais cartons avec lesquels on refuse de m'ouvrir ailleurs.

— Monsieur, répond l'ouvreuse, je ne vous donnerai rien du tout, parce que on me l'a défendu ; on m'a dit : Si ce monsieur sort, ne lui donnez pas de contremarque.

— Ah ! c'est différent : apparemment que je puis maintenant entrer partout sans billet.

Le Champenois descend au parterre. Il veut y entrer, le contrôleur l'arrête :

— Votre billet, monsieur ?

— On ne m'en donne plus.

— Comment, on ne vous en donne plus... qu'est-ce que cela veut dire ?

— Je n'en sais rien.

— Ni moi non plus, mais on n'entre pas sans billet.

— Ah ! as à papier ! saperlotte, toujours des entraves ! C'est trop fort... je vais au contrôle redemander mon argent !

Mais au moment où Choublanc accourt très-courroucé au contrôle, M. Chauffournin, qui venait aussi d'y arriver, s'écrie :

— C'est lui ! le voilà ! c'est mon voleur ! oh ! je le reconnais parfaitement... Sergent de ville, faites-moi le plaisir d'arrêter monsieur !

— M'arrêter !... moi, un voleur... moi, qui arrive de Troyes... patrie des andouillettes... Monsieur, vous faites erreur...

— Non, non, c'est bien vous qui m'avez extorqué vingt francs là-bas ! Pardieu, vous êtes reconnaissable !

Le commissaire arrive ; M. Chauffournin explique ce qui lui est arrivé. Alors, seulement, Choublanc comprend qu'il a pu se tromper, et prendre ce monsieur pour un vendeur de billet. De son côté il explique sa conduite. L'ancien employé de la Poste ne veut pas croire au récit de Choublanc, mais heureusement pour celui-ci que les employés du contrôle sont là pour en certifier l'exactitude ; et ce qui prouve surtout son innocence, c'est que lui-même avait dit au théâtre qu'il venait de se faire rendre ses vingt francs.

L'honnête Champenois présente au commissaire des papiers, des lettres qui prouvent son identité. Il s'empresse de rendre à M. Chauffournin son argent, en jurant que cela ne lui arrivera plus, et que désormais, pour reconnaître les gens, il voudra voir leur véritable figure.

On permet enfin à Choublanc de sortir du théâtre, ce qu'il s'empresse de faire, car, ennuyé de tous les désagréments qu'il y a éprouvés, il se promet bien de ne plus chercher sa femme au spectacle.

Quant à l'ancien employé des Postes, il retourne à son café en se disant :

— Qu'il aille se faire pendre ailleurs... je le veux bien... je suis rentré dans mon argent... Mais quant à moi, qui ai une profonde connaissance des hommes, je ne crois pas un mot à tout ce que celui-ci nous a dit pour sa défense... et je suis persuadé que c'est un profond scélérat ! Qu'il ne me tombe pas sous la main quand je serai juré !

XIX

ARTHUR ROSENCŒUR.

Retournons près de madame Choublanc. Éléonore était assise dans sa causeuse, dans une simple toilette du matin ; il n'était que deux heures après midi ; elle se livrait au plaisir de la lecture, elle tenait à sa main une traduction de *Roland le Furieux* qu'elle avait déjà relu plusieurs fois, mais qu'elle ne pouvait se lasser de lire, parce qu'elle se figurait que son Arthur devait ressembler à Roland, surtout depuis qu'il l'avait perdue.

Tout à coup la sonnette retentit avec violence. Madame Choublanc saute sur sa causeuse et laisse tomber son livre. Marinette saute sur le parquet et laisse tomber son plumeau. Éléonore murmure d'une voix altérée :

— C'est lui... c'est mon mari !... il aura retrouvée... Cette brute de concierge aura oublié mes ordres, il l'a laissé monter.

— Faut-il ouvrir, madame ?

— Mon Dieu ! je ne sais pas... et s'en n'ouvrant pas cela ne le décidait à s'en aller...

Un second coup de sonnette plus violent encore que le premier fait de nouveau sauter la maîtresse et sa servante.

— Par exemple ! c'est sonner en maître ça ! dit Marinette, il va casser le ressort !

— Ceci est par trop impertinent, dit Éléonore... Va ouvrir, Marinette, et je traiterai ce monsieur comme il le mérite... Je lui demanderai de quel droit il sonne comme un porteur d'eau.

Marinette, qui est allée exécuter l'ordre de sa maîtresse, revient bientôt d'un air tout joyeux lui dire :

— Ah ! madame... si vous saviez... ce n'est pas votre mari qui a sonné.

— Ce n'est pas M. Choublanc ! et qui est-ce donc alors ?

— C'est... c'est le plus beau jour de votre vie...

— Ah ! je vous en supplie, Marinette, parlez plus clairement.

— Dame... puisque madame avait dit : « Quand je reverrai M. Arthur Rosencœur, ce sera le plus beau jour de ma vie... »

— Eh bien !... ô ciel... achevez, Marinette, vous me faites mourir...

— C'est lui qui a sonné si fort, madame...

— Lui... Arthur... Dieu !...

Comme Éléonore achève cette exclamation, un grand monsieur entre dans son salon et court vers elle en s'écriant :

— Eh oui ! c'est tendre amie ! eh oui ! toujours belle, toujours adorée Éléonore ! C'est moi, Arthur Rosencœur... cet amant fidèle et constant que vous voyez devant vous.

— Arthur... cher Arthur !.. il serait possible !..

Éléonore considère avec ivresse celui qui est devant elle. Vingt années l'ont beaucoup changé ; cependant ce sont toujours ses traits qui ont été fort beaux, ce sont toujours ses yeux pleins de feu et d'expression, seulement ils sont plus renfoncés, plus cernés qu'ils ne l'étaient quand ce monsieur avait vingt-cinq ans. Tous ses traits ont subi les effets du temps et d'une vie qui probablement a été orageuse ; on y voit les traces de la fatigue, l'altération causée par de nombreux excès.

Mais Arthur a toujours la taille bien prise ; il est resté maigre, ce qui lui a conservé son ancienne désinvolture ; elle semble même poussée à l'excès ; car il y a dans ses mouvements, dans ses manières un laisser-aller qui friserait le mauvais ton, aux yeux d'une personne qui ne serait pas persuadée que ce monsieur est un homme comme il faut.

Le personnage qui vient d'arriver chez madame Choublanc est mis avec élégance, il porte un lorgnon, d'un air d'être en or, une grosse chaîne pareille pend de son gousset à une boutonnière de son gilet ; de plus, il tient à la main un joli *stick*, dont la pomme est encore du même métal. Ce monsieur a beaucoup de cheveux, qui sont frisés, arrangés avec coquetterie ; il ne porte que des moustaches, il a seulement des favoris taillés très-courts et qui, en se rejoignant sous son menton, donnent à son visage un encadrement qui n'est pas sans charmes ; enfin une forte odeur de musc et d'ambre s'exhale de tout son individu et de son foulard qu'il sort de sa poche en se laissant aller sur la causeuse, à côté de la maîtresse du logis.

— Oui ! c'est vous... c'est bien vous, cher Arthur, s'écrie Éléonore après avoir considéré ce monsieur avec attendrissement. Ah ! vous n'êtes presque pas changé...

— Et vous, femme adorée, vous ne l'êtes pas du tout...

— Ah ! par exemple, vous me flattez !...

— Non ! que tous les diables m'emportent... je vous revois comme vous étiez à la soirée de l'adjoint du maire... où je vous aperçus pour la première fois... où nous jouâmes ensemble à la petite boîte d'amourette !.. Vous en souvenez-vous ?..

— Si je m'en souviens !.. ah ! comme si c'était hier,... et pourtant que d'événements depuis cette soirée !..

— Sacrebleu ! je le crois bien...

— Pourquoi ne vous revois-je qu'aujourd'hui ?

— Ce n'est pas ma faute... il y a huit jours que je vous cherche sur les boulevards...

— Il n'y a que huit jours que vous me cherchez ?

— Qu'est-ce que je dis donc... il y a vingt ans... mais je veux dire dans ce quartier... Pardon, chère amie, avant de nous enfoncer dans la conversation, voulez-vous me permettre d'allumer mon cigare ?...

— Vous fumez ?

— Toujours ! c'est une habitude que j'ai contractée dans mes nombreux voyages sur terre et sur mer... D'ailleurs, vous savez que c'est très-bien porté maintenant. Est-ce que l'odeur du cigare vous serait désagréable ?

— Oh ! non... ce que vous aimez ne saurait me déplaire.

Éléonore mentait, car elle ne pouvait souffrir l'odeur de la fumée de tabac ; mais elle surmonte sa répugnance pour être agréable à son ancien ami.

Celui-ci tire un énorme cigare de sa poche et se met à crier, comme s'il était dans un café :

— Holà hé ! la bonne ! du feu !...

Marinette, qui s'était discrètement retirée depuis l'arrivée de ce monsieur que sa maîtresse attendait depuis vingt ans, arrive en se tortillant :

— Qu'est-ce qu'il y a... madame a appelé ?

— Du feu, la fille, et vivement ! dit Arthur Rosencœur en croisant sa jambe gauche sur sa droite.

— Du feu... comment... pour quoi faire... Madame veut que j'allume du feu au salon... à cette époque...

— Eh non, buse ! il ne s'agit pas de cela... Je vous demande du feu, une allumette enflammée pour faire prendre mon cigare... D'où diable sortez-vous donc, ma grosse ?

Marinette, tout épouffée de s'entendre appeler buse et ma grosse, va cependant chercher des chimiques qu'elle apporte à ce monsieur, d'un air assez maussade, puis, sur un signe de sa maîtresse, elle se hâte de retourner à sa cuisine.

Après avoir allumé son cigare, le bel Arthur s'étend sur la causeuse, comme s'il voulait y dormir, et dit à Éléonore, qui ne peut se lasser de le regarder, et semble toujours en admiration, bien que la fumée du cigare lui fasse mal au cœur :

— Ah çà, ma minette, causons un peu maintenant. Il est venu à mes oreilles que vous étiez mariée depuis que je ne vous ai vue... mais je n'ai pas voulu croire ces vilains bruits... Je me suis dit : « Non, cela ne saurait être... Éléonore n'a pas trahi les serments qu'elle m'a faits... Je sais bien qu'elle avait un père très-barbare... très-dur à cuire !... et qui ne connaissait que la *douille*... » Pardon ! je veux dire l'argent !.. Ce sont les matelots qui se servent de ce terme, et j'ai été si souvent sur mer, que j'ai pris quelquefois leur langage... Eh bien, Eléonore, vous ne répondez pas, vous baissez les yeux... que dois-je inférer de ce silence... Je tremble... je suis sur un buisson d'épines... sur un gril!...

Eléonore pousse un soupir, en murmurant :
— Hélas! cher Arthur... il n'est que trop vrai... mon père l'a exigé... et malgré mes prières, malgré mes larmes... il m'a sacrifiée... il m'a forcée d'épouser monsieur Choublanc!...

Arthur se lève, comme s'il était poussé par un ressort et se met à parcourir la chambre à grands pas, en faisant une foule de gestes et en s'écriant :
— Ah! cornes du diable... Ah! par là mordieu!... tête de sanglier... il serait possible... on vous a mariée... on a disposé de mon Eléonore... qui était la propriété de mon cœur, par les lois de l'amour... Mais où est-il ce mari... ce rival abhorré... où est-il?... Il est mort, je l'espère pour lui... car s'il n'est pas mort, il faut que je le tue... il ne périra que de ma main...

Et ce monsieur brandit son *stick* comme s'il voulait tout casser.

Eléonore, enchantée de ce transport jaloux, mais voulant cependant calmer son amant, court à lui et parvient à le ramener sur la causeuse, en lui disant :
— Modérez cette jalousie, ô mon Arthur, vous n'eûtes jamais de rival dans mon cœur, puisque ce mariage se fit contre mon gré...
— Tout cela n'empêche pas, madame, que ce petit drôle de... comment le nommez-vous?
— Choublanc.
— Choublanc! quel fichu nom!... ce gredin... ce maroufle a été bien heureux... puisque... Pardon, mais rien n'altère comme de fumer... aussi j'ai l'habitude de toujours m'humecter lorsque je me livre à ce doux loisir... ne pourriez-vous me faire donner...
— Un verre d'eau sucrée, tout de suite, mon ami.
— Oh! non, point d'eau sucrée... J'ai tant vu d'eau depuis que j'ai été en mer que je ne puis plus la sentir... faites-moi donner du madère... c'est ce que je préfère en fumant.
— Du madère... très-bien... attendez... je vais vous en faire apporter.

Eléonore se lève et court à sa cuisine, dire à sa bonne :

Et ce monsieur brandit son *stick* comme s'il voulait tout casser. — Page 40.

— Marinette, il faut m'avoir du madère... Arthur en désire sur-le-champ... il n'aime que cela en fumant...
— Qu'est-ce que ça du madère, madame... un autre tabac?
— Non, c'est du vin, un vin très-distingué; comme je n'en ai pas ici, courez-en chercher une bouteille, il y a justement un marchand de vins fins ici à côté... Allez vite... voilà de l'argent... voilà cent sous... allez... Faut espérer que ça ne coûte pas plus de trente sous du vin pour fumer.

Marinette sort, en disant tout le long de l'escalier :
— Il a l'air bien sans gêne, le monsieur qu'on attendait depuis vingt ans... il fume dans notre salon qui est si propre... il m'appelle buse... je ne sais pas s'il va continuer longtemps comme ça, mais alors il aurait bien dû être encore vingt ans avant de revenir.

Cependant la grosse bonne revient avec une bouteille de madère, qu'elle pose sur un plateau avec des verres et place sur un guéridon en disant d'un air consterné :
— C'est cent sous! madame... la pièce y a passé, on n'a pas voulu me donner cette bouteille à moins.
— C'est bien... c'est bon, Marinette, on ne vous demande pas le prix, dit Eléonore en lançant des regards courroucés à sa domestique.

— S'il est bon, ce n'est pas trop cher! dit le bel Arthur en débouchant la bouteille. J'en ai bu qui revenait de l'Inde et que l'on n'avait pas ici à moins de quinze francs la bouteille, mais c'était du nanan!...
— Ah! il ne le trouve pas assez cher, dit Marinette en s'en allant... eh bien, ça promet!... il fait aller l'argent, ce monsieur-là...

Arthur a bu un verre de madère qu'il a trouvé passable, il s'en verse un second, s'étend de nouveau sur la causeuse et dit :
— Reprenons notre conversation, douce amante. Qu'avez-vous fait de votre époux? où est-il enfin?
— Mon père est mort un an après mon mariage. Alors je déclarai à M. Choublanc que je ne voulais plus vivre avec lui. Nous nous séparâmes... depuis dix-neuf ans je vis seule.
— Bien, très-bien... vous m'ôtez un bœuf de dessus la poitrine...
— J'allai demeurer à Bar-sur-Seine, mais M. Choublanc venait m'y voir tous les mois; je me réfugiai en Normandie... puis ailleurs... puis enfin je suis venue habiter Paris et je ne lui ai pas fait connaître mon adresse, afin de me dérober entièrement à ses poursuites...
— Bien... de mieux en mieux... Ecoutez, ô Eléonore, je vous

pardonne votre hyménée, mais à la condition expresse que vous ne recevrez pas M. Choublanc... que je ne le rencontrerai jamais chez vous... car, si je l'y rencontrais, voyez-vous, il arriverait un grand malheur... Oh! je me connais!... il y aurait une catastrophe épouvantable!...

— Soyez tranquille, cher Arthur, puisque je fuis M. Choublanc, ce n'est pas pour le recevoir ici... j'ai donné des ordres en conséquence à mon concierge... car je dois vous l'avouer... en ce moment il est à Paris...

— Eh! sacrebleu, je le sais bien qu'il y est!...

— Vous le savez?...

— Non, je veux dire... il doit y être... parce qu'il doit toujours vous chercher et qu'il aura appris que vous y étiez... Cet homme vous adore... cela ne m'étonne pas... tout le monde doit vous adorer.

Ce compliment fait oublier à Éléonore son mal de cœur. Elle fait un sourire dans lequel il y a de tout, puis reprend :

— Cher Arthur, consentirez-vous à dîner avec moi ?...

— Si je dînerai avec vous! je le crois bien! plutôt deux fois qu'une!

— Permettez alors que j'aille donner quelques ordres à ma suivante.

— Allez! divine amie... ne vous gênez pas... je finirai cette bouteille en vous attendant. Mais surtout faites recommander au concierge d'observer sa consigne... que le Choublanc ne parvienne pas jusqu'ici ou je le démolis! et s'il veut retrouver ses membres, je l'engage à les numéroter.

Éléonore va commander à sa bonne un dîner fin, délicat, recherché, des *extra* de toutes façons; elle lui ordonne d'acheter du vin fin, de faire venir de la pâtisserie, des sucreries, enfin elle ne veut rien épargner pour fêter le retour d'Arthur Rosencœur.

Marinette n'ose pas se permettre la moindre réflexion, mais tout en allant faire les emplettes elle se dit :

— Si madame va longtemps comme ça, elle sera bientôt ruinée... dame! tant pis... c'est son affaire.

Éléonore est revenue s'asseoir à côté d'Arthur, qui a déjà bu les deux tiers de la bouteille de madère, et se dispose à allumer un second cigare; elle le considère avec admiration, en s'écriant encore :

On se dispose à fouiller Arthur, mais il remet lui-même le portefeuille à Marine. — Page 48.

— Non, vous n'êtes pas changé... seulement le bout de votre nez a un peu rougi...

— C'est la suite d'un coup de soleil que j'ai reçu sous les tropiques !...

— Maintenant, vous devez penser, mon ami, que je suis bien curieuse de savoir à mon tour ce que vous avez fait depuis vingt ans... et quelle est votre position... votre fortune... que je sache enfin si vous êtes heureux... si le sort vous a été propice...

— C'est juste, belle amie, et je vais satisfaire votre curiosité... Ah! depuis que j'ai quitté Troyes et la Champagne, j'ai fait bien des choses... j'en ai eu de ces aventures!... Je ne vous dirai pas tout aujourd'hui, parce que ce serait trop long!... D'abord je suis allé en Amérique... essayer un peu de banque. Là un riche colon voulut me faire épouser sa fille, qui avait plusieurs millions de dot et je ne sais combien de cannes à sucre...

— O ciel !...

— Rassurez-vous : je refusai la demoiselle... votre image était là... toujours là... je n'aurais pas accepté la reine Pomaré.... si elle avait voulu de moi.

— Ah! que c'est bien... ah! que cette constance me touche!...

— Vous en entendrez bien d'autres!... Je passai de là en Asie... j'eus l'honneur d'être présenté au shah de Perse et à la sultane favorite... belle femme! qui me fit un peu de l'œil... mais c'est absolument comme si elle chantait !...

— Homme étonnant !...

— Le shah me fit de riches présents... des fourrures que je revins vendre en Russie... Je fis des bénéfices considérables... je mis tout sur un vaisseau... il fit naufrage... c'était à recommencer...

— O malheureux ami !...

— Rassurez-vous, la fortune me redevint favorable... J'allai en Californie, où je fondai une maison d'éducation pour les deux sexes... j'eus beaucoup d'élèves... Que vous dirai-je enfin... j'achetai diverses marchandises que je revendis avec des bénéfices considérables... et ma foi, comme je suis modeste... je me suis dit : J'ai cent mille francs de rente, c'est assez... retournons en France, et allons les déposer aux pieds d'Éléonore... et me voilà.

— Il se pourrait! quoi! mon ami, vous avez cent mille francs de rente !...

— Cent mille... peut-être cent dix ou cent vingt, je ne sais pas bien au juste... mais pas moins...

— Mais savez-vous que c'est une position superbe cela !

— Il y a de quoi vivoter...

— Et vous veniez les déposer à mes pieds !...

— C'est-à-dire que dès ce moment c'est comme s'ils y étaient... entre gens qui s'aiment depuis vingt ans, est-ce que tout ne doit pas être commun... ce qui est à moi est donc à vous... Vous n'aurez qu'à parler... je prétends contenter vos moindres désirs, vos plus légers caprices... Vous me direz : Mon ami, j'ai besoin de vingt mille... de cinquante mille francs... pour des bijoux ou des cachemires, je vous répondrai : Les voilà, chère Éléonore... puisez dans notre caisse, c'est me faire le plus doux des plaisirs...

— Ah! que c'est admirable... quel homme vous êtes... et comme je vous avais bien jugé... mais je n'abuserai pas de votre générosité.

— C'est ce que nous verrons. Je saurai bien vous combler de présents... pas en ce moment par exemple... car vous toute ma fortune, figurez-vous que je suis réduit à quelques napoléons...

— Mon cher Arthur, ma modeste bourse est aussi à votre disposition...

— Je n'en doute pas... vous agissez comme moi, nos deux cœurs s'entendent!.. mais je n'aurai pas besoin d'avoir recours à vous, demain je dois recevoir par la poste cent mille francs d'un de mes banquiers de Bordeaux, cette somme me sera d'autant plus nécessaire que je viens d'acheter ici à Paris un délicieux petit hôtel, sur lequel il faut que je donne trente mille francs sous trois jours...

— Vous avez acheté un hôtel... dans quel quartier?

— Vous le saurez plus tard, ma déesse, c'est une surprise que je vous ménage... Je veux le meubler délicieusement... genre Pompadour... Je veux que tout n'y soit que glaces et dorures... car c'est vous, chère Éléonore, qui serez la reine de ce délicieux séjour...

— Taisez-vous, Arthur, vous me rendez confuse... mon cœur bat d'une force...

— Mais ce madère m'a creusé, est-ce que nous ne dînons pas?

— Si fait.. Je vais presser Marinette.

Et madame Choublanc court à sa cuisine, elle examine les apprêts du repas en s'écriant :

— Y aura-t-il assez... ce dîner sera-t-il présentable?...

— Comment, madame! s'il aura présentable! un véritable festin de Balthazar... si ce monsieur n'est pas content, il sera difficile...

— Il a cent mille francs de rente, Marinette, il achète un hôtel Pompadour dont je serai la reine !..

— Madame va être la reine de Pompadour!...

— Ah! je savais bien qu'il ferait fortune un jour... Servez-nous, Marinette, je vous négligez en rien.

Le dîner est bientôt servi. Arthur Rosencœur passe dans la salle à manger avec son ancienne amie. On se met à table. Le convive de madame Choublanc fait honneur au repas; il mange comme trois, boit comme quatre et ne songe guère à répondre aux œillades dont la tendre Éléonore entremêle la conversation qu'elle veut toujours ramener sur l'amour, sur la constance de leurs sentiments réciproques, sur le bonheur de se retrouver fidèles après vingt ans de séparation.

A tout cela le bel Arthur répond en se versant à boire, en attaquant les plats et en lâchant à chaque instant des jurons et des mots d'argot dont il a, dit-il, pris l'habitude en mer.

Cependant ce monsieur a trouvé le repas à son goût, et Éléonore est enchantée. Il a bu presque à lui seul une bouteille de pomard et une de richebourg qui venaient encore de chez le marchand voisin.

Lorsqu'on apporte le café, il se met à allumer de nouveau un cigare.

Mais avec le café on n'a apporté aucune liqueur. M. Arthur s'écrie :

— Eh bien!... et le petit verre... et le pousse-café... à quoi pensez-vous, grosse fille? est-ce que vous croyez que nous nous en passerons... pour qui nous prenez-vous?... allons, mille bombes... mille bombardes... donnez-nous des liqueurs...

Marinette regarde sa maîtresse en disant :

— Qu'est-ce que c'est que du pousse-café... Avez-vous de ça, madame?...

— C'est du cognac, nom d'une pipe!... vous êtes d'une ignorance grasse, ma chère Marinade!

Madame Choublanc ordonne à sa bonne d'aller bien vite chercher de l'eau-de-vie et de la liqueur.

M. Arthur pousse Marinette par le bras en lui disant :

— Allez donc, tortue, allez donc!

La cuisinière sort furieuse contre ce monsieur qui l'a appelée tortue. Elle revient bientôt avec une bouteille de cognac et un flacon d'anisette.

— Ma toute belle Éléonore, dit Arthur en versant de l'eau-de-vie dans son café, ne soyez pas surprise si j'aime les liqueurs, c'est une habitude que j'ai contractée en Asie : là, il m'arrivait souvent de n'avoir que du rhum ou du rack pour mon dîner, mais cela me soutenait parfaitement.

— Les vivres étaient donc rares, mon ami?

— Non, ils n'étaient pas rares, mais on y faisait si mal la cuisine que je préférais vivre de liqueurs; aussi je puis en boire beaucoup sans que cela m'étourdisse en rien.

En effet, M. Arthur Rosencœur, tout en continuant de fumer, vide le flacon d'anisette et une partie de la bouteille d'eau-de-vie. Puis, lorsque la constante Éléonore se flatte de ramener enfin la conversation sur l'état de son cœur et tous les soupirs qu'elle a poussés depuis vingt ans, son convive se lève vivement en se frappant le front et s'écrie :

— Ah! bigre... et le rendez-vous que j'ai ce soir avec ce fameux peintre qui doit me faire des fresques dans le genre Watteau, pour le délicieux hôtel que vous embellirez de votre présence... je veux des peintures partout, des bergeries, des amours.. ah! des amours surtout! que cela soit digne de vous, enfin. Au revoir, femme céleste!

— Eh! quoi, dit Éléonore en soupirant derechef, vous me quittez déjà, Arthur? je me flattais que vous passeriez la soirée avec moi.

— Je m'en flattais aussi, belle amie, mais les affaires avant tout, j'ai donné parole à ce peintre pour ce soir; si j'y manquais, il refuserait de travailler pour moi et j'en serais désolé, car c'est un des premiers talents de Paris. Mais ce n'est que partie remise, chère Éléonore; une fois délivré de tous ces soins, je viens m'installer à vos genoux et je n'en bouge plus.

— Ah! que je serai heureuse alors... vous verrai-je demain?

— Si vous me verrez!... quelle question! pourrais-je désormais être un jour sans vous voir... je viendrai de bonne heure m'informer de votre santé.

— Ah! vous êtes charmant!

Arthur Rosencœur est parti après avoir encore baisé le bout des doigts de sa belle, qui lui aurait volontiers abandonné sa main tout entière, peut-être plus même... mais il était difficile de voir un amoureux plus discret.

Lorsque ce monsieur est parti, Éléonore appelle Marinette et se fait faire du thé, parce que la fumée du tabac lui a donné un grand mal de cœur et que son dîner menace de se révolter.

— Ah! dame! dit Marinette, qui ne pardonne pas au bel Arthur de l'avoir appelée tortue, comment n'auriez-vous pas mal au cœur?... ce monsieur a fait de votre appartement un estaminet.

— Il aime à fumer, Marinette; au reste, c'est la mode à présent, tous les hommes fument plus ou moins, c'est bon genre.

— Mais, Dieu me pardonne! il a craché par terre de tous les côtés; est-ce que c'est aussi bon genre ça? c'est fièrement sale toujours!

— Habitude de voyageurs qui se croient sans cesse dans des auberges.

— Pour un homme qui a cent mille francs de rente, il a des mots comme les brigands dans les mélodrames. Il parle argot.

— C'est le langage des matelots; il a contracté cet usage sur mer.

— Et il jure comme un charretier.

— On peut être fort riche et jurer : vois les capitaines de vaisseau, ils sont tous fort riches et ne disent pas un mot sans jurer.

— Et il boit... ah! il boit comme un vrai trou! La bouteille d'eau-de-vie est vide à moitié.

— C'est une habitude qu'il a contractée en Perse, parce qu'on n'y fait pas bien la cuisine. Donne-moi vite du thé, Marinette.

— Oui, madame, car le régime de ce monsieur ne vous réussit pas du tout.

Et la bonne retourne dans sa cuisine en se disant :

— Si ce monsieur-là doit manger souvent ici, je n'y resterai pas longtemps, moi!

XX

ON EST AMI, OU ON NE L'EST PAS

Le lendemain de cette journée, il était à peine dix heures du matin, Éléonore allait prendre son chocolat, lorsqu'elle entend sonner très-fort, et bientôt Arthur Rosencœur paraît devant elle. Il court lui prendre la main et la porte à ses lèvres, avec affectation, cinq à six fois de suite, tandis que madame Choublanc lui dit :

— C'est vous, mon ami, ah! que c'est aimable à vous de venir de bonne heure! Je ne vous espérais pas si tôt; mais je n'en suis que plus heureuse. Voulez-vous prendre du chocolat avec moi?

— Oh! non, merci, céleste amie, je ne prendrai rien, je ne

puis rien prendre, je ne suis pas disposé à *tortiller*... je veux dîner à manger le plus léger morceau... Ah ! saperlotte !...

En disant cela, ce monsieur se promenait dans la chambre, en faisant des gestes, en regardant au profond, s'arrêtant de temps à autre pour se frapper le front et la cuisse avec sa main et pousser de longs gémissements.

— Eh ! mon Dieu ! s'écria Eléonore, frappée de la pantomime de son doux ami, je n'avais pas remarqué d'abord... mais vous avez quelque chose, Arthur, vous paraissez inquiet, agité... vous êtes tout défait... vos cheveux sont en désordre... Que vous est-il arrivé ?

— Oh ! rien, femme adorée... ne prenez pas garde à mon agitation.

— Que je n'y prenne pas garde ! est-ce que ce qui vous touche ne doit pas m'intéresser... ne suis-je plus la confidente de toutes vos pensées, ne me disiez-vous pas hier que tout devait être commun entre nous...

— C'est vrai... Eh bien ! puisque vous le voulez, je vais vous dire ce qui m'est arrivé, aussi bien, il me serait impossible d'avoir un secret pour vous... je le voudrais, que je ne le pourrais pas. Figurez-vous que je viens de recevoir une lettre de mon banquier de Bordeaux...

— Qui vous envoie cent mille francs...

— Eh non ! voilà justement le *hic !*... il ne me les envoie pas, le traître ; il se figure que je n'ai pris aucun engagement et m'écrit : « Vous ne recevrez vos cent mille francs que dans huit jours, car j'ai disposé de ceux que je devais vous envoyer aujourd'hui ; mais huit jours de retard, je pense que cela ne vous gêne en rien. »

— Eh bien ! mon ami, ce n'est, en effet, qu'un retard, et si vous n'avez aucune crainte sur votre banquier...

— Des craintes ! c'est le plus honnête homme de France et de Navare ! et tout cela me serait fort égal, si je n'avais pas pris l'engagement de payer, sous deux jours, trente mille francs comptant sur le prix de vente du délicieux hôtel que j'achète... Hier, j'ai vu mon vendeur ; il paraît que cet homme a un besoin urgent de cette somme, car il m'a encore dit : « Monsieur Arthur de Rosencœur... si vous ne m'apportez pas trente mille francs d'ici à jeudi, je vous préviens qu'il n'y a rien de fait, et que je vends mon hôtel à un autre... d'autant plus que c'est à qui l'aura... » Et il le fera comme il l'a dit, le traître !...

— Mon ami, il y a d'autres hôtels à vendre dans Paris...

— Non, Eléonore, il n'y en a pas comme celui-là... d'aussi coquets, d'aussi délicieux, d'aussi dignes de vous recevoir... Ah ! si je manque cette occasion, je sens que je ne m'en consolerai jamais... et, puis, manquer à ma parole... ce sera la première fois de ma vie... je serai déshonoré ! je n'oserai plus me montrer à la Bourse !...

Arthur termine cette tirade en se laissant tomber dans un fauteuil dont il casse une roulette, et il appuie sa tête dans ses mains d'un air désespéré.

Mais alors Eléonore, qui vient de prendre un parti, lui dit d'un ton solennel :

— Consolez-vous, Arthur, ne vous désolez plus... demain, à midi, vous aurez vos trente mille francs...

— Que dites-vous, belle Eléonore... comment vous pourriez... mais non, non, je ne veux pas accepter... Pour me rendre ce service momentané, vous seriez capable de faire des folies... de vous gêner... non... je refuse !...

— Vous n'en avez pas le droit... je vous rappellerai encore nos paroles d'hier... tout est convenu entre nous...

— Mais, chère amie, trente mille francs... c'est une somme...

— Puisque ce n'est que pour quelques jours, puisque vous êtes certain de la rendre avant peu, ce ne sera pas un bien grand service...

— Oh ! pour être certain de la rendre dans huit jours, j'en suis aussi sûr que je suis sûr de vous adorer... mais malgré cela, j'hésite... je crains... j'ai envie de prendre le chemin de fer et de partir pour Bordeaux, chercher mes fonds...

— Par exemple ! quelle folie !... Plus d'observation, c'est une chose arrangée, et maintenant, laissez-moi, allez à vos affaires, car il faut que je fasse ma toilette, et je n'ai pas de temps à perdre. Je sais que les agents de change ne sont à leur bureau que jusqu'à midi... Allez, mon ami, demain à midi vous aurez vos trente mille francs...

— Vous le voulez... je suis votre serviteur, votre esclave... je dois vous obéir, ce que vous faites là... Ô Eléonore ! si j'avais douze cœurs, ils brûleraient tous pour vous.

En disant ces mots, le bel Arthur se permet de cueillir un baiser sur la joue d'Eléonore qui lui tend l'autre ; mais il a déjà pris sa canne et son chapeau, et se hâte de partir comme s'il craignait que son amie ne changeât de résolution.

A peine est-il sorti que madame Choublanc, oubliant son chocolat, sonne sa bonne et court à sa toilette, en disant :

— Mes bottines, Marinette... tout de suite mes bottines, et venez me les lacer pendant que je me coifferai...

— Madame va sortir de si bonne heure ?...

— Il n'y a pas d'heure, Marinette, quand il s'agit de prouver son attachement à un ancien ami... à l'homme de ses rêves...

— Est-ce que ce monsieur, qui fume tant, dîne encore ici aujourd'hui ?...

— Je ne sais pas s'il viendra dîner, j'ai oublié de le lui dire... il n'aura pas le temps peut-être...

— Ah ! tant mieux ! ça fait que madame n'aura pas besoin de prendre le thé...

— Marinette, vos réflexions sont insolites... ah ! mon Dieu, que je suis pâle... comme mes traits sont abattus...

— C'est votre indigestion d'hier... ça vous rend quelquefois malade pendant plusieurs jours...

— Vous ne savez ce que vous dites, c'est l'émotion... c'est l'anxiété... Pauvre ami, comme il était désespéré !

— Est-ce que ce monsieur... le plus beau jour de votre vie, a perdu quelque chose ?

— Cela ne vous regarde pas... dépêchez-vous... Ah ! que vous êtes lente !

— Si madame croit que c'est commode à lacer... votre bas de jambe est engraissé...

— Vous voulez dire mon mollet.

— Non, madame, c'est le bas de la jambe seulement.

— Pendant que j'achève de m'habiller, courez me chercher une voiture... prenez-la à l'heure...

— Madame sort en voiture ?

— Apparemment. Hâtez-vous, Marinette, vous devriez être revenue !

La cuisinière dégringole l'escalier en se disant :

— C'est pour le beau-vilain d'hier que madame se met comme ça en mouvement dès le matin... je ne sais pas... mais j'ai peur que ce cracheur ne lui fasse faire des sottises... elle en est toquée !... à son âge... elle s'en rendra malade... déjà hier, sans le thé, c'eût été de gentil...

Enfin la voiture est arrivée. Madame Choublanc a pris dans son secrétaire son inscription de rente, elle la met dans sa poche, et se fait conduire chez un agent de change avec lequel elle a déjà eu quelques relations. Là, elle présente son inscription, en disant à l'agent de change :

— Monsieur, voici un titre de trois mille deux cents francs de rente. J'ai besoin de trente mille francs pour demain, veuillez vendre aujourd'hui de ma rente jusqu'à concurrence de cette somme.

— Il suffit, madame, nous vendrons aujourd'hui au meilleur cours possible... Il vous faut trente mille francs... nous vendrons treize cents francs de rente... cela vous produira un peu plus.

— Très-bien, monsieur, et j'aurai cet argent demain avant midi ?...

— A neuf heures, si vous le désirez, madame...

— Merci mille fois, monsieur ; j'ai bien l'honneur...

— Pardon, madame, mais il faut que vous vous rendiez vous-même à la Bourse, au bureau des transferts, pour signer votre vente.

— Quoi, monsieur ! il faut que j'aille à la Bourse... Vous ne pourriez pas y aller pour moi ?

— C'est impossible, madame ; mais cela ne vous tiendra qu'un instant, c'est tout de suite fait...

— Mais, monsieur, je me perdrai dans les bureaux... je ne saurai jamais trouver...

— On vous indiquera, madame, c'est très-facile à trouver.

— En me voyant à la Bourse, on va me prendre pour une femme qui joue sur les fonds publics.

— On ne s'occupera aucunement de vos démarches, et je vous répète que ce sera l'affaire d'un instant. Attendez, le commis va préparer votre inscription.

Eléonore est très-contrariée d'être obligée d'aller elle-même à la Bourse, mais on lui remet son inscription avec l'acte de vente, et il faut bien qu'elle se résigne à faire cette démarche.

Elle remonte en voiture et se fait conduire à la Bourse. Il est un peu plus de midi lorsqu'elle y arrive, et se fait indiquer le bureau des transferts. Elle a bientôt trouvé l'endroit où elle a affaire. Mais cinq ou six personnes attendent pour passer avant elle ; enfin son tour arrive, et elle termine ce qui l'amène.

Alors Eléonore, satisfaite d'avoir rempli toutes les formalités exigées, s'en va d'un pas plus calme, et se trouvant pour la première fois dans ce magnifique monument, où se font et se défont tant de fortunes, elle ne peut, avant de sortir, résister au désir de jeter un regard sur l'intérieur du temple.

Mais lorsque arrivée au bas de l'escalier elle jette un coup d'œil furtif vers la grande enceinte, le premier objet qui frappe ses regards, est un monsieur en habit bleu-clair qui semble admirer le monument.

Éléonore demeure saisie, terrifiée, car dans ce monsieur, elle vient de reconnaître son mari.

Comment M. Choublanc se trouvait-il en ce moment à la Bourse?

Pour le savoir, revenons à cet époux infortuné que nous avons perdu de vue depuis sa malencontreuse aventure avec le marchand de billets du boulevard et les ouvreuses de loges du théâtre.

XXI

NOUVELLES MÉSAVENTURES DE CHOUBLANC

Le Champenois, en continuant à entrer dans chaque maison du boulevard Beaumarchais, devait cependant finir par trouver celle où demeurait sa femme, et en effet, un jour il pénètre dans la maison où loge Éléonore, et va comme à l'ordinaire demander au concierge s'il connaît madame Noirville.

— Madame Noirville... certainement... c'est au troisième, répond le portier, qui, dans le premier moment, ne se rappelle pas les instructions qu'on lui a données la veille.

Mais sa femme qui vient de remarquer l'habit bleu-clair que porte Choublanc, pousse vivement le bras de son mari, en lui disant à l'oreille :

— Eh bien! où donc que t'as les yeux?... tu ne vois donc pas cet habit bleu de perruquier... cet air de province... Tu ne te souviens donc pas de ce que mam'selle Marinette nous a recommandé?... Ah! ces hommes, ça n'a pas pus de mémoire que ma pie.

Et la portière, pour réparer la bévue de son mari, se hâte de dire tout haut :

— De quoi donc que tu dis à monsieur, Alcibiade?... que nous avons au troisième madame Noir... Noirville!... c'est Blanville que nous avons... c'est pas Noir du tout!

— Ah! c'est juste, répond M. Alcibiade en reprenant son journal; oui, oui, c'est Blanville... c'est la couleur qui m'a induit...

— Vous êtes bien certain que ce n'est pas Noir? murmure Choublanc désolé d'être déçu dans son espoir.

— Pardi, monsieur, j'ai tous les noms de ma maison dans l'oreille, moi, réplique la portière. Au reste, comment est-elle la dame que vous demandez... a-t-elle un mari, des enfants, des chiens... qu'est-ce qu'elle fait?

— C'est une dame qui est très-bien... quarante ans environ... un nez très-aquilin... qui vit de ses rentes... de belles dents... trois mille deux cents net...

— Cette dame a trois mille deux cents dents... Ah! mon Dieu! c'est donc un crocodile, que vot' dame!

— Je vous parle de ses rentes... je vous en dis le chiffre... parce que je la connais... elle n'a point d'enfants, et cependant elle est mariée... c'est-à-dire elle est mariée, et pourtant elle n'a pas de mari!...

— Ça devient bien embrouillé tout ça!...

— Cela s'explique facilement... Madame Noirville est depuis dix-neuf ans séparée d'avec son époux...

— Ah! je comprends... c'était un chenapan sans doute, qui se grisait, qui avait des maîtresses... qui mangeait tout sous elles... et peut-être encore battait sa femme... car il y a des maris qui sont des scélérats capables de tout!

— Non, madame, celui-là n'était point un chenapan... il ne buvait pas, n'avait point de maîtresse... il n'aurait pas donné une chiquenaude à un chat!... ce n'était pas pour battre sa femme... et d'ailleurs, il l'aimait trop pour cela... il l'adorait... il ne voyait rien au monde au-dessus d'elle... il l'idolâtrait... que dis-je? il l'idolâtre toujours! car ce malheureux... cet infortuné mari... vous le voyez devant vous!... c'est moi!

En disant cela, Choublanc, qui s'est laissé entraîner à l'attendrissement, tire son mouchoir de sa poche et le porte sur ses yeux.

De son côté, en voyant l'habit bleu clair verser des larmes, le portier se sent vivement touché; il se mouche plusieurs fois et dit tout bas à sa femme :

— Il me fait de la peine, ce pauvre monsieur!... si nous lui disions le fin mot!

Mais la portière qui est une femme forte, réplique :

— Tais-toi! tu n'es pas un homme!... Les vingt sous que nous avons reçus, est-ce pour trahir notre locataire?... d'autant plus qu'elle nous en donnera bien d'autres, j'espère!...

Puis s'adressant à Choublanc qui s'essuie les yeux :

— Monsieur, je vous demande bien pardon de ce que j'ai dit... mais vous concevez... quand on ne sait pas... Certainement que vous n'avez pas l'air d'un chenapan... bien au contraire... J'aurais trois filles que je vous les confierais... Mais quant à vot'dame, ça n'a aucun rapport avec celle qui demeure au troisième. Madame Blanville est une personne de vingt-cinq ans, si elle les a encore!... c'est l'épouse d'un militaire qui est dans l'Algérie... d'ous qu'il lui envoie des oranges et des figues à s'en lécher les doigts. Vous voyez qu'il n'y a pas la moindre ressemblance avec vot'femme.

— Alors, madame et monsieur la concierge, je vous renouvelle mes excuses, espérant que je serai plus heureux ailleurs.

Et Choublanc était parti, emportant les regrets et l'estime du portier.

C'était le surlendemain de sa conversation avec M. Alcibiade et son épouse, que notre Champenois, qui commençait à se lasser un peu de ne voir que le boulevard Beaumarchais, s'était aventuré jusqu'au passage des Panoramas.

Puis, se trouvant près de la Bourse, il avait cédé au désir de visiter ce monument.

M. Choublanc jette les yeux du côté de sa femme, au moment où celle-ci venait de l'apercevoir. Il la reconnaît sur-le-champ et se précipite aussitôt de son côté en se disant :

— C'est elle!.. ah! je la tiens donc cette fois!

Mais Éléonore n'a pas attendu son mari; elle hâte de fuir, descendant les marches du monument comme si elle n'avait que quinze ans, elle se faufile à travers la foule qui déjà commence à envahir tous les abords de la Bourse, elle court à l'endroit où elle a laissé sa voiture, elle se jette dedans en criant au cocher :

— Partez!.. partez bien vite!.. et allez grand train!

— Où madame veut-elle aller à présent?

— N'importe... où vous voudrez... promenez-moi longtemps... je vous dirai quand j'en aurai assez... mais allez le plus vite que vous pourrez... je payerai ce que vous voudrez.

Pendant que madame agit ainsi, le pauvre Choublanc, qui déjà a perdu sa femme de vue, se jette sur tout le monde, prend à droite, prend à gauche... fait tomber les besicles d'un vieux monsieur en lui donnant de son nez en plein visage, le laisse crier après lui, parvient enfin à sortir de la foule et arrive sur la place, en s'écriant :

— Où est-elle... mon Dieu! où est-elle?.. l'aurais-je encore perdue?.. C'est à se damner!...

— Monsieur cherche quelqu'un? dit une espèce de commissionnaire qui a entendu les lamentations du Champenois...

— Eh! oui, sans doute, je cherche une dame qui vient de sortir de la Bourse il n'y a qu'un instant...

— Une dame bien mise, élégante, belle tenue?

— Justement, c'est cela... vous l'avez vue?

— Oui, monsieur, tenez, elle vient de monter dans cette voiture qui est là-bas... au coin à droite, un coupé vert... que même v'là le cocher qui monte sur son siége.

— Ah! bien... merci mille fois!...

Et Choublanc, courant à la place de voitures qui est à deux pas, monte précipitamment dans un cabriolet milord et crie au cocher qui est sur son siége :

— Mon bon cocher, vous voyez bien ce coupé vert là-bas... suivez-le... ne le perdez pas de vue... arrêtez-vous quand il s'arrêtera...

— Suffit, bourgeois. Alors c'est à l'heure?

— C'est à l'heure, c'est à la journée, c'est à tout ce que vous voudrez... je payerai sans marchander.

— Oh! alors on va trotter ferme!..

Le coupé vert est parti; le milord part après lui. Le coupé va comme une voiture bourgeoise; le cocher du milord n'épargne pas les coups de fouet à son cheval pour se tenir toujours à la même distance du coupé. Celui-ci traverse les rues, gagne les boulevards et prend la direction de la Madeleine.

— Et moi qui la cherchais boulevard Beaumarchais! se dit Choublanc, elle aura changé de quartier. Cependant, avant-hier, ce concierge m'avait bien répondu : Madame Noirville, c'est ici au troisième... Sans sa femme qui a dit le contraire... il me laissait monter... et quand je suis parti, après avoir conté une partie de mes malheurs, il m'a semblé qu'il m'a regardé en clignant de l'œil... Nous allons bien voir où cette voiture va nous conduire... ah! diable, elle se dirige vers les Champs-Élysées... ma femme irait-elle faire une promenade au bois... et je l'ai trouvée à la Bourse... elle joue à la Bourse probablement... O Éléonore, quelle vie menez-vous donc à Paris!... Mais qu'elle aille où elle voudra maintenant... je l'ai retrouvée, je ne la perdrai plus de vue... Je suivrais sa voiture jusqu'en Chine si elle y allait... mais j'aime à croire qu'elle ne me mènera pas si loin.

Le coupé vert traverse les Champs-Élysées, passe la barrière et prend l'avenue de l'Impératrice.

— Décidément nous allons au bois de Boulogne, se dit Choublanc, on assure qu'il est charmant maintenant... qu'il y a un lac... des chalets... je ne suis pas fâché, tout en suivant ma femme, d'avoir cette occasion de voir le bois de Boulogne, d'autant plus que le temps est superbe... et la promenade me semble très à la mode... j'y vois beaucoup de beau monde...

Dans les avenues du bois le cheval du coupé a pris une allure plus vive. Celui du milord, qui sans doute a déjà fatigué à Paris, ne suit plus qu'avec peine et à grand renforts de coups de fouet.

En vain Choublanc dit à chaque instant à son cocher :

— Nous n'allons plus, mon cher ami, prenez garde... vous vous laissez trop distancer...

— Eh! monsieur, ce n'est pas ma faute, répond le cocher, vous voyez bien que je fais ce que je peux... mais mon pauvre cheval a déjà été ce matin à Pantin, à Bondy, et il est sur les dents...

— Il fallait donc me dire cela quand je suis monté...

— Je ne pouvais pas me douter que vous me feriez suivre une voiture de maître.

— Vous croyez que ce coupé vert est une voiture de maître?..

— Oh! certainement... nous nous y connaissons, nous autres, d'ailleurs c'est bien facile à voir.

— Est-ce que ma femme aurait pris voiture? se dit Choublanc de plus en plus surpris, aurait-elle gagné une grande fortune à la Bourse?.. cela s'est vu.. mais ça m'étonne, car elle n'aimait pas le jeu.

Tout à coup le cheval du milord s'abat. Le cocher jure, tire ses guides, la pauvre bête ne veut pas ou ne peut pas se relever. Choublanc saute alors à terre, et ne voulant pas perdre le coupé vert de vue, donne deux pièces de cent sous à son cocher, en lui disant :

— Tenez... prenez... je n'ai pas le temps d'attendre que votre cheval veuille bien se remettre en marche...

Et laissant là son milord, Choublanc se met à courir pour suivre le coupé. Heureusement pour lui, un élégant cavalier s'est approché d'une portière de la voiture, et en faisant un salut gracieux, et tout en trottant, cause avec la personne qui est dans la voiture dont le cocher ralentit un peu la course.

— Il paraît que ce cavalier connaît Éléonore! se dit Choublanc en essuyant son front couvert de sueur.

Il est fort élégant ce cavalier... Ma femme se lance dans le beau monde... Ah! mon Dieu! en voilà encore un qui salue à l'autre portière... il cause aussi en caracolant... il a un bien joli cheval... Sapristi... les voilà qui vont plus vite... je ne pourrai jamais continuer de suivre... j'ai la rate enflée... Si je trouvais à louer un âne... mais je n'en vois pas... Est-ce qu'il me faudrait encore perdre Éléonore sans même lui avoir présenté mes hommages? Je crois que je vais faire comme le cheval de mon cabriolet!..

Tout à coup un des cavaliers qui causait à l'une des portières du coupé vert s'arrête pour arranger quelque chose à l'un de ses étriers. Choublanc a bientôt rejoint ce cavalier, il l'aborde et lui dit en le saluant :

— Monsieur, seriez-vous assez bon pour me rendre un service?..

— Qu'est-ce que c'est, monsieur?

— Vous connaissez la dame qui est dans ce coupé... là-bas...

— Oui... je vais même la rejoindre.

— Auriez-vous l'obligeance de la prier de faire arrêter un moment sa voiture. Je voudrais pouvoir lui dire deux mots...

— Vous la connaissez donc aussi cette dame?..

— Si je la connais!... je le crois bien, c'est ma femme...

— C'est votre femme!..

Et le jeune cavalier part d'un éclat de rire, puis s'écrie :

— Vous êtes sûr que cette dame est votre femme?..

— Parfaitement... Voilà assez longtemps que je suis sa voiture...

— Je ne me doutais pas qu'elle fût mariée... elle nous a toujours dit le contraire...

— Ça m'étonne pas... puisqu'elle ne veut même pas porter mon nom.

— Oh! mais c'est bien drôle... Attendez, je vais faire votre commission... Parbleu, voilà une aventure qui va nous amuser!..

Le jeune cavalier pique des deux, en une minute il a rejoint le coupé, il parle avec feu à la personne qui est dedans; presque aussitôt la voiture s'arrête.

— Elle a consenti à m'attendre! se dit Choublanc. C'est gentil de sa part... on ouvre une des portières... elle veut me faire monter à côté d'elle... ah! voilà qui me paye de toutes mes peines!

Et notre Champenois, précipitant sa marche, atteint enfin le coupé. Il s'approche de la portière ouverte en s'écriant :

— Éléonore! c'est moi!

Mais il demeure tout stupéfait, en se trouvant devant une jeune femme de vingt-quatre ans au plus, mise avec la dernière élégance, qui, en le voyant, est prise d'un fou rire, et s'écrie enfin :

— Ah! c'est ce monsieur qui se dit mon mari!.. Je suis enchantée de faire sa connaissance...

Le malheureux Choublanc voit qu'il est encore dupe d'une méprise, il se confond en excuses :

— Madame!.. mille pardons... excusez-moi... on m'avait assuré... je croyais que ma femme était montée dans ce coupé... en sortant de la Bourse... Je me suis encore trompé... Je suivais votre voiture depuis la Bourse... veuillez me pardonner...

— Vous êtes tout excusé, monsieur, répond la jeune femme avec un charmant sourire; vous voilà bien certain maintenant que je ne suis pas votre femme, n'est-ce pas?

— Hélas! non, madame.

— Je ne suis qu'une simple artiste dramatique, monsieur, à qui on veut bien accorder un peu de talent et qui sera très-heureuse si vous voulez venir quelquefois l'applaudir.

En achevant ces mots, la jolie femme salue Choublanc, referme la portière de sa voiture, et le coupé repart, ainsi que les deux cavaliers qui continuent de caracoler auprès.

Quant à Choublanc, il reprend tristement le chemin de Paris en murmurant :

— Toujours des déboires!.. mais aussi pourquoi ai-je cru cet imbécile... ou plutôt pourquoi n'ai-je pas commencé par aller regarder dans cette voiture avant de la suivre... je suis moulu... harassé... poussif!.. Ô Éléonore! vous ne savez pas tout ce que j'endure pour vous!..

XXII

UN COUP DE THÉÂTRE

Pendant que son mari parcourait le bois de Boulogne en milord, madame Choublanc se faisait promener dans Paris par son cocher. L'un courait après sa femme, l'autre tâchait de se dérober aux recherches de son époux.

Après quatre heures de promenade dans les rues et sur les boulevards, Éléonore croit pouvoir rentrer chez elle.

Elle y trouve sa bonne très-inquiète de sa longue absence.

— Je craignais que madame n'eût versé avec sa voiture, dit Marinette, et puis je n'avais pas l'ordre pour le dîner, madame est partie si promptement...

— Ah! Marinette, j'ai encore fait cette rencontre terrible... cette tête de Méduse... toujours en habit bleu clair.

— Votre mari?

— Oui, monsieur Choublanc!.. il paraît que maintenant je ne pourrai plus sortir sans le trouver devant moi.

— Il était devant madame?

— C'est-à-dire à cent pas de moi... à la Bourse... mais je me suis aperçue qu'il me voyait... alors je me suis sauvée... Je devais avoir l'air d'une écervelée, quand je me suis jetée dans ma voiture, et craignant d'être suivie je me suis fait promener fort longtemps dans Paris... Pourvu qu'il ait perdu mes traces...

— Madame, vous ferez bien de ne pas sortir de quelques jours...

— Je le voudrais! Mais, pourtant, il faut que je sorte encore demain matin... à dix heures au plus tard...

— Comment, madame va encore s'exposer...

— Il le faut, Marinette... Quand il s'agit de rendre service à l'ami de notre cœur, on ne doit pas hésiter...

— A propos de votre cœur, madame, il est venu tout à l'heure.

— Comment... que voulez-vous dire?

— Ce monsieur qui fume, qui crache et qui boit si bien...

— Arthur Rosencœur... il est venu?..

— Oui, madame, sur les quatre heures; car il en est cinq à présent.

— Pourquoi ne m'a-t-il pas attendue?.. Qu'a-t-il dit?

— Il m'a demandé où vous étiez. Je lui ai répondu : Monsieur, madame se fait rouler...

— Rouler... Qu'entendiez-vous par là?

— Puisque madame est sortie en voiture... il me semble que quand on va en voiture, on se fait rouler...

— Vous avez de singulières manières de rendre les choses... Après?

— Après, ce monsieur m'a dit : Qu'est-ce que vous avez pour dîner aujourd'hui? Je lui ai répondu : Rien du tout. Alors il a repris sa canne et s'est en allé en me disant : En ce cas, je vais dîner ailleurs.

— Ah! que vous êtes sotte, Marinette; pourquoi répondre que vous n'avez rien du tout?..

— Dame! puisque c'est la vérité; on a tout avalé hier...

— Est-ce qu'il ne faut pas toujours que je dîne, moi? Est-ce qu'à Paris on ne trouve pas toujours ce qu'on veut?.. Allez me chercher un poulet tout rôti; faites-moi une salade... achetez aussi du bouillon... Dire que je n'ai rien du tout!.. Arthur aurait dîné avec moi, je gage!..

— C'est ben pour ça que je le lui ai répondu cela! se dit la bonne en allant chercher le dîner de sa maîtresse. Donnez-vous donc du mal pour ce monsieur qui vous appelle toriou !... Je ne sais pas comment est fait son pauvre Choublanc... à madame !.. mais il n'est pas possible qu'il soit plus saligaud et plus impertinent que son monsieur futur !...

Éléonore est de mauvaise humeur toute la soirée, parce que son tendre ami n'est pas venu. Mais le lendemain, à neuf heures, elle est habillée ; elle prend son chocolat, se fait encore chercher une voiture et se rend chez son agent de change, en ayant soin de dire à sa domestique :

— Si monsieur Arthur Rosencœur venait en mon absence, qu'il m'attende... Dites-lui que je suis sortie pour ce qu'il sait bien ; je serai de retour avant onze heures... Mais qu'il m'attende... Je vous défends de le laisser partir !..

— Je ne me mettrai cependant pas en travers de la porte pour le retenir, son bel homme ! se dit Marinette, en regardant sa maîtresse monter en voiture. La v'là encore qui se fait rouler... elle s'en donne ! quel genre !.. Qu'est-ce qu'elle manigance donc pour rendre service à... l'ami de son cœur, comme elle l'appelle ?.. Je ne sais pas... mais j'ai peur qu'il ne lui fasse faire des bêtises, ce cher ami-là !

A onze heures moins quelques minutes, Éléonore est de retour ; une douce satisfaction se peint sur son visage. Elle tient à sa main un portefeuille qu'elle pose sur sa table à ouvrage, en entrant dans sa chambre, puis elle ôte son chapeau, en disant :

— Est-il venu, Marinette ?
— Qui ça, madame ?
— Mon Dieu, vous savez bien que je n'attends que Arthur...
— Non, madame, il n'est pas venu.
— Ah ! qu'il me tarde de le voir !.. Il sera si content quand je lui remettrai ce... ah ! mon Dieu !.. où donc l'ai-je mis ?.. je ne l'ai plus... Grand Dieu ! j'aurais-je perdu ?..
— Qu'est-ce que madame cherche donc ?
— Un portefeuille... il me semble pourtant que je l'avais en entrant...
— Tenez, le v'là sur cette table, madame... vous l'avez posé là en arrivant.
— Ah ! tu as raison... Je respire... j'ai eu une peur !...
— Il paraît qu'il est précieux ce portefeuille...
— Oh ! oui, Marinette... Crois-tu qu'il y a trente mille francs là-dedans ?
— Trente mille francs !.. en v'là une somme !.. Il y a de quoi acheter Paris avec ça. Qu'est-ce que madame veut donc faire de cet argent là ?
— Obliger celui qui m'est resté fidèle depuis vingt ans !
— Comment, madame va donner tout cela à ce monsieur Arthur ?
— Donner... eh non !.. oh ! il n'en a pas besoin... mais prêter pour quelques jours seulement... Il en reçoit cent mille dans fort peu de temps, lui.
— O madame, prenez bien garde !.. ce qu'on tient on le tient !.. mais ce qu'on prête...
— Assez, Marinette, faites-moi grâce de vos réflexions... laissez-moi !

Marinette retourne à sa cuisine en se disant : Si je prêtais jamais trente mille francs à quelqu'un, faut qu'il m'en donnerait d'abord quarante mille en otage.

Éléonore change de toilette, puis elle regarde la pendule, le temps ne marche pas assez vite à son gré ; enfin, ne pouvant résister à son impatience, elle se met à sa fenêtre dans l'espoir de voir plus tôt arriver Arthur Rosencœur.

Il y a déjà quelque temps qu'elle est à sa croisée, lorsqu'elle entend retentir la sonnette ; elle quitte aussitôt sa fenêtre en s'écriant :

— C'est lui !.. j'aurai regardé du côté où il ne fallait pas... Eh bien ! Marinette n'ouvre pas... elle sera sortie sans doute... Ah ! courons moi-même, ne le faisons pas attendre.

En disant cela, elle court ouvrir la porte et se trouve nez à nez avec son mari.

— Monsieur Choublanc ! murmure Éléonore anéantie.
— Oui, madame, c'est moi, répond Choublanc en faisant à sa femme un sourire aimable.

Et, profitant de la stupéfaction de celle-ci, il entre, referme la porte sur lui, et se faufile dans l'appartement en disant :

— Ah ! ce n'est pas sans peine que je vous trouve... depuis si longtemps je vous cherche... mais j'avais quelque doute sur cette maison... L'autre jour, la concierge a tergiversé en me disant d'abord oui, et puis non... aussi, je me promenais en face sur le boulevard, lorsque, tout à l'heure, je vous ai aperçue à la fenêtre... Oh ! alors, je ne pouvais plus avoir de doutes... aussi je suis entré d'autorité dans la maison... et quand la portière a voulu me demander où j'allais... je crois que je lui ai répondu : Du flan !.. J'avais la tête montée !

— Eh bien ! monsieur, me voilà... que me voulez-vous donc ?

Pourquoi courir sans cesse après moi ? Ne savez-vous pas depuis longtemps que votre présence m'est insupportable ?.. Si je suis venue à Paris, si je ne vous ai pas fait savoir mon adresse, vous deviez bien deviner que c'était afin de ne plus être importunée par vos visites.

— Ah ! Éléonore... ce que vous me dites là est bien mal... il me semble cependant que je ne vous importune pas souvent...
— Monsieur, du moment qu'on se sépare, c'est qu'on ne se trouve pas bien ensemble... c'est ce que nous avons fait ; alors à quoi bon chercher à se revoir ?
— Mais, madame, ce n'est pas moi qui ai voulu me séparer, c'est vous... Je me trouvais très-bien auprès de vous, moi, car je vous adorais, vous le savez ! et l'absence, loin d'éteindre cet amour, n'a fait que l'augmenter encore.
— Ah ! monsieur, je vous en supplie, faites-moi grâce de vos sentiments et ne revenons point sur le passé... Vous vouliez me voir, n'est-ce pas ? eh bien ! vous m'avez vue... vous êtes certain que je suis en bonne santé. Maintenant, faites-moi le plaisir de vous en aller.
— Comment, madame... vous me renvoyez comme cela, tout de suite, sans me laisser même le temps de me reposer... moi qui me suis tant fatigué à vous chercher ?.. Hier encore j'ai suivi dans le bois de Boulogne une voiture dans laquelle je vous croyais montée.
— J'en suis désolée, monsieur, suivez les voitures si cela vous amuse, mais ne me suivez plus et partez sur-le-champ... c'est dans votre intérêt que je vous dis cela, car si on vous trouvait ici !
— Dans mon intérêt... je ne comprends pas.
— Cela ne fait rien... partez toujours... vous ne voyez donc pas que je tremble... que je suis sur les épines.

En ce moment la sonnette se fait encore entendre. Éléonore pâlit, en balbutiant :

— Ah ! mon Dieu, voilà ce que je craignais... c'est lui !
— Qui ça, lui, madame ?
— Celui qui a juré de vous tuer... de vous détruire s'il vous rencontrait jamais chez moi... et il le ferait comme il le dit... il m'aime tant !
— Et qu'est-ce que c'est donc que ce monsieur qui veut me détruire si je viens ici ?.. de quel droit s'il vous plaît ?.. Voyons, madame, est-ce que vous vous êtes remariée ?.. Nous n'avons pas divorcé, cependant... d'ailleurs, on ne divorce plus.
— Ah ! mon Dieu... il sonne encore... c'est bien Arthur... je reconnais sa sonnerie.
— Ah ! c'est Arthur.
— Ciel... on ouvre... Marinette sera remontée... Dans ce cabinet, monsieur... vite dans ce cabinet et ne bougez pas, monsieur, je vous en supplie, ou vous seriez cause d'une horrible catastrophe.
— Mais, madame...
— Allez donc ! allez donc !

Éléonore, tout en parlant, poussait son mari vers un grand cabinet fermé par une porte vitrée, et qui se trouvait contre sa toilette. Le pauvre Choublanc se laisse pousser, et bientôt la porte du cabinet se referme sur lui, mais on ne peut pas l'enfermer, parce que cette porte s'ouvrait avec un simple bouton.

Alors Éléonore se laisse aller sur un fauteuil, et au même instant le bel Arthur pénètre dans sa chambre.

— Bonjour mille fois, céleste amie !.. comment va ce matin cette précieuse santé à laquelle est attaché mon destin ?
— Merci, mon cher Arthur... cela va bien... c'est-à-dire... je suis un peu agitée en ce moment... j'ai mal aux nerfs.
— C'est le mal des jolies femmes... ce doit être le vôtre... moi je suis très-fatigué... ouf !

Et ce monsieur s'étale à son tour dans un fauteuil, se plaçant positivement en face de la porte du cabinet.

— J'ai couru toute la journée, hier, pour ramasser une trentaine de billets de mille, mais justement les amis étaient à la campagne... c'est toujours comme cela quand on a besoin d'eux.
— Pourquoi preniez-vous cette peine, Arthur... ne vous avais-je pas dit qu'aujourd'hui, à midi, vous auriez la somme qui vous manquait... ne comptiez-vous donc pas sur ma promesse ?
— Oh ! je vous apprécie trop bien pour cela... je vous sais incapable d'y manquer... mais j'aurais voulu ne pas avoir besoin de ces trente mille francs... j'ai vu mon vendeur, le gredin ne veut pas en démordre... il lui faut cette somme tout de suite.
— Eh bien, Arthur, vous pouvez le satisfaire... tenez, prenez ce portefeuille, ce dont vous avez besoin est là-dedans.

Arthur Rosencœur s'empresse de saisir le portefeuille qu'on lui présente et le fourre bien vite dans sa poche, en s'écriant :

— En vérité, vous êtes une femme comme on n'en voit guère, une amie comme on n'en voit pas. Mais aussi dites-moi de me jeter dans le feu, dans l'eau, dans n'importe quoi, et je m'y précipite... trop heureux de pouvoir vous prouver aussi mon dévouement !

— Je n'en doute pas, Arthur, je n'en doute pas... mais puisque vous pouvez terminer cette affaire,.. allez, no faites pas attendre plus longtemps votre vendeur.

— Cela me coûte de vous quitter si vite, répond le beau monsieur en se levant, mais au fait, je crois aussi qu'il vaut mieux en finir tout de suite... j'ai si peur que ce délicieux hôtel ne m'échappe. Vous permettez donc que je vous dise au revoir... Votre main, mon ange, que je la presse sur mon cœur.

— De grâce... allez, Arthur, ne perdez pas de temps.

Mais pendant que ce monsieur cherche sa canne et son chapeau, M. Choublanc, qui avait eu tout le temps de l'examiner à loisir, parce que le rideau de la porte vitrée laissait des places pour regarder, sort brusquement du cabinet, en disant :

— Pardon, monsieur, mais avant que vous ne partiez, je voudrais bien vous dire deux mots.

XXIII

QUEL EST LE PLUS BEAU NOM

A l'aspect de Choublanc, le bel Arthur demeure interdit, tout en murmurant :

— Ah! bigre... en voilà bien d'une autre!.. d'où diable sort-il celui-là?

Quant à Éléonore, elle devient violette de colère et dit à son mari d'un ton menaçant :

— Monsieur! pourquoi êtes-vous sorti de ce cabinet? je vous l'avais défendu! Vous êtes bien hardi de me désobéir!

— Madame, permettez, si je suis sorti de cette cachette où vous m'aviez forcé d'entrer, c'est que d'abord la voix de monsieur m'a frappé... je me suis dit : « Tiens, voilà une voix que je connais; » alors j'ai regardé en écartant le rideau. D'abord, comme monsieur a une autre mise... infiniment plus élégante... je ne pouvais pas me persuader que c'était lui... néanmoins, quoique ne soit plus la même coiffure et qu'il ait coupé ses moustaches et une partie de sa barbe, je ne crois pas m'abuser en disant que c'est mon ami Ernest qui est devant moi.

— Votre ami Ernest? dit Éléonore avec étonnement. Qu'est-ce que cela signifie, Arthur?.. est-ce qu'en effet vous vous appelez aussi Ernest... est-ce que vous connaissez M. Choublanc?

Le grand monsieur, qui a eu tout le temps de se remettre de sa surprise et de reprendre son aplomb, appuie une de ses mains sur sa hanche, jette sa tête en arrière, et regardant Choublanc d'un air impertinent, répond :

— Moi... connaître monsieur!.. Que le diable me patafiole si je l'avais jamais vu... voilà bien la première fois que j'envisage son *facies*... qui est assez original pour qu'on le reconnaisse quand on le regarde une seule fois... Quant à mes noms, vous les connaissez, belle dame, Arthur Rosencœur, je n'en ai jamais porté d'autres... je trouve ceux-là trop beaux pour en changer.

L'aplomb de ce monsieur commence à ébranler la conviction du pauvre Choublanc, il craint d'avoir fait une bévue et murmure :

— C'est bien singulier alors... la voix est absolument la même... et dans les traits il y a tant de rapports...

— Et qu'est-ce que c'est que monsieur Ernest que vous aviez cru retrouver dans monsieur? dit Éléonore d'un air dédaigneux.

— Ce monsieur Ernest... c'est quelqu'un que j'ai rencontré en arrivant à Paris... qui m'a offert tout de suite de me guider dans cette ville... avec lequel j'ai déjeuné toute la journée, rue de Rivoli... et qui... je le crois bien, m'a volé ma bourse et ma tabatière.

Éléonore fait un bond sur sa chaise en s'écriant :

— Ah! quelle horreur!.. un filou... un voleur... de bourse... et vous avez pu croire que c'était monsieur... Mais je m'indigne... une telle supposition est une insulte... une grave offense.

Arthur Rosencœur affecte de rire en disant :

— Moi je trouve cela très-drôle... très-comique... j'en rirai longtemps, sacredié, j'en rirai bien longtemps!... mais je ne me fâcherai pas! Allons, ma céleste amie, ne vous mettez pas en colère... monsieur ne sait ce qu'il dit, et voilà tout!...

— Arthur, je vous demande un million de pardons pour monsieur Choublanc... Au reste, lui-même va vous faire les excuses, car il vous en doit... Monsieur Choublanc, dites sur-le-champ à M. Rosencœur que vous êtes désespéré d'avoir pu, un seul instant, lui trouver la moindre ressemblance avec un filou!

Choublanc, tout troublé, hésite et ne sait ce qu'il doit faire; mais le bel Arthur, qui paraît beaucoup plus pressé de s'en aller que de recevoir des excuses, met son chapeau sur sa tête en disant :

— Inutile!... encore une fois, je dispense monsieur de toute excuse... cela n'en vaut pas la peine... mais le temps s'écoule... vous savez qu'une affaire importante m'appelle... je me sauve, au revoir, belle dame... à bientôt... sans rancune, mon cher monsieur Choublanc...

Et ce monsieur, sortant vivement de la chambre, traverse la salle à manger et ouvre la porte du carré; mais là, il est arrêté par Jacques, le jeune ébéniste, qui lui barre le passage en lui disant :

— Une minute, monsieur, vous ne vous en irez pas comme cela... Nous avons d'abord à jaser nous deux...

— Qu'est-ce que c'est... que me veut cet homme?... Je ne vous connais pas, mon cher... ne m'arrêtez pas, je suis pressé, dit Arthur en essayant de se débarrasser de Jacques.

— Oh! cet homme vous connaît, lui... quoique vous ayez un peu retouché votre figure, et il ne vous laissera pas échapper.

Et le jeune ouvrier, qui avait des poignets solides, retenait par les deux bras Arthur Rosencœur qui cherchait toujours à s'échapper.

Attirée par le bruit, Éléonore, suivie de Choublanc, accourt dans la pièce où a lieu le débat. En apercevant son fidèle adorateur aux prises avec un individu en blouse et en casquette, elle s'écrie :

— Que se passe-t-il donc encore, mon Dieu? Arthur, quelle discussion avez-vous avec monsieur... je ne le connais pas... que vient-il faire chez moi?

— Excusez-moi, madame, répond Jacques en se tenant toujours devant la porte du carré pour empêcher Arthur de sortir. Si je me suis permis de venir chez vous... c'est que le portier m'a dit que ce monsieur que je cherchais était ici au troisième.

— Mais encore une fois, mon petit, je ne vous connais pas, moi, vous faites erreur.

— Oh! que non, monsieur... d'ailleurs, je ne suis pas le seul qui vous ai reconnu, et mon patron qui était avec moi tout à l'heure, a bien dit en vous apercevant : « C'est lui! mon monsieur de Saint-Amour!... »

— Ils ont tous le diable au corps aujourd'hui! répond Arthur en cherchant à déguiser son trouble. C'est à qui me prendra pour un autre. Tout à l'heure, j'étais Ernest... à présent, voilà que je suis Saint-Amour!

— Monsieur est un de mes anciens amis! dit Éléonore en se posant devant Jacques. Il y a vingt ans que je le connais... je l'ai un peu perdu de vue depuis ce temps, il est vrai; mais je puis vous jurer, vous affirmer sur l'honneur que c'est M. Arthur Rosencœur.

— Tout cela va s'expliquer devant mon patron, répond Jacques.

— Je me fiche pas mal de vous et de votre patron! s'écrie Arthur; j'ai affaire... je veux m'en aller et je m'en irai.

Et ce monsieur faisant usage de toute sa force, fait pirouetter Jacques et rouvre la porte du carré.

Mais là il se trouve en face de M. Dupuis, l'ébéniste, qui s'est fait accompagner de deux sergents de ville et d'un agent de police. Il n'y a plus moyen de chercher à s'évader; le bel homme comprend cela, il rentre dans l'appartement en disant :

— Ah bigre! cette fois je crois que je suis pincé.

— Oui, messieurs, dit M. Dupuis en montrant Arthur aux personnes qui l'accompagnent, c'est cet homme qui, sous le nom de Saint-Amour, est venu chez moi se faire livrer pour quatre mille cinq cents francs de meubles... qu'il revendit aussitôt, puis disparut sans me payer.

— Alors, dit à son tour Choublanc, je ne crois pas me tromper en disant que c'est aussi lui qui, sous le nom d'Ernest, a volé ma bourse et ma tabatière.

— Mais dites donc que cela n'est pas, monsieur, s'écrie Éléonore exaspérée de ce que l'on accuse son ancien ami. Dites donc que vous êtes Arthur Rosencœur.

— Justement, madame!... dit un des sergents de ville en s'avançant. Arthur Rosencœur... c'est bien l'homme que nous cherchons. Ledit Arthur Rosencœur a déjà subi plusieurs condamnations pour vol et escroqueries, mais il avait fait son temps. Depuis il a changé vingt fois de noms. Sous celui d'Ernest ayant recommencé ses hauts faits, nous le cherchions pour l'arrêter. Mais monsieur est très-adroit, il sait se déguiser et jusqu'à ce jour il était parvenu à nous échapper.

Éléonore tombe sur un siége, anéantie, bouleversée.

L'homme qu'elle adorait, l'homme auquel depuis vingt ans elle pensait sans cesse... qu'elle désirait si ardemment revoir... cet homme est un misérable voleur!

— Allons! dit Arthur, je vois qu'il n'y a pas moyen de nier davantage... Eh oui! je suis Saint-Amour... je suis Ernest... je suis tout ce que vous voudrez! Mais aussi, mon bon Choublanc, si vous ne m'aviez pas conté toutes vos affaires, vous ne m'auriez pas donné l'idée de venir trouver votre femme. En apprenant qu'elle m'adorait, qu'elle me regrettait toujours, je me suis dit :

Pardieu, il y a quelque chose à faire avec cette ancienne passion si bien enracinée, et si je vous ai pris votre bourse, mon vieux, c'est que j'avais besoin d'argent pour me retaper, m'habiller à neuf et me présenter devant elle en belle tenue. Tout m'avait réussi... votre femme m'avait reçu à bras ouverts... en flattant sa coquetterie; je l'aurais fait danser sur la corde si je l'avais voulu. Mais les rencontres de ce matin ont tout gâté... c'est une affaire manquée... Allons, messieurs, quand vous voudrez, je suis prêt... Partons.

Arthur a déjà franchi la porte, lorsque la grosse Marinette court sur l'escalier en criant :

— Eh bien !... et le portefeuille de ma maîtresse qu'il emporte... un portefeuille avec trente mille francs qu'elle lui a donnés tout à l'heure. Voyez-vous, il ne disait rien, le gueux !... il aurait encore volé ça.

On se dispose à fouiller Arthur, mais il remet lui-même le portefeuille à Marinette en lui disant :

— Tenez, tortue... vous n'êtes pas si bête que votre maîtresse, vous.

Et Marinette s'empresse d'aller reporter le portefeuille à Éléonore, à laquelle elle ne manque pas de rapporter les paroles de ce monsieur.

Alors Éléonore s'avançant vers son mari et lui parlant pour la première fois d'un air gracieux, lui tend le portefeuille, en lui disant :

— Prenez ceci, monsieur, désormais disposez de tout ce qui m'appartient et de moi-même... qui suis prête à retourner avec vous, si vous voulez bien encore que je sois votre femme et que je tâche de réparer mes torts envers vous.

— Si je le veux !... s'écrie Choublanc qui est dans l'ivresse, si je le veux... ma chère... non... madame Éléonore... ah ! Dieu !... mais je suis le plus heureux des mortels... Ainsi, vous consentez à vous appeler madame Choublanc ?

— Avec plaisir, mon ami !

— Elle m'a appelé son ami !... et elle s'appellera comme moi avec plaisir !

— Pardieu ! dit Jacques, quand M. Arthur est un coquin et que M. Choublanc est un brave homme, il me semble qu'il n'y a pas à balancer entre les deux noms. Le plus beau est toujours celui que porte un honnête homme.

FIN

www.ingramcontent.com/pod-product-compliance
Lightning Source LLC
LaVergne TN
LVHW022209080426
835511LV00008B/1654